GUÍA DE ENTRENAMIENTO PARA CACHORROS

ENTRENA A TU MASCOTA CON AMOR Y REFORZAMIENTO POSITIVO

JAMES AUSTIN VANDERBILT

J. A. V

Para Jordan ... Por simpre vas a estar en mi corazon

ÍNDICE

Welcome to the JRT Tribe!

Join our community of puppy and dog owners just like you in my Facebook group:

HOUSE OF THE JACK RUSSELL TERRIER

(https://www.facebook.com/groups/houseofthejackrussellterrier)

We've made it easy to join the Facebook Group, scan the QR-code below:

PRÓLOGO/INTRODUCCIÓN

La relación entre seres humanos y animales ha existido desde hace largos años, aunque es cierto que la comunicación entre ambas especies todavía representa un conflicto hoy en día. Este libro te va a ayudar con la aventura que representa tener un cachorro, desde el instante en que llega a tu casa hasta su primer aniversario juntos.

Todos los cachorros pueden ser entrenados, sin importar su raza. De igual manera, ningún cachorro es desobediente, son sus dueños los que no se comprometen. ¡Este libro tiene el propósito de transformarte en tu mejor versión como dueño, asegurando que tu cachorro se convierta en un perro feliz!

La eficacia de la comunicación con una mascota es el resultado del compromiso de los propietarios con los ejercicios diarios de entrenamiento. La clave para el éxito en el entrenamiento de los cachorros es que sus dueños no deben abrumarse, no tienen que ver esta tarea como una carga, sino como una tarea agradable, donde todo lo que están haciendo es crear un vínculo con su cachorro.

El primer año de vida de tu mascota puede ser el más complicado y, sin embargo, es el más memorable de todos. Por lo tanto, este libro te lleva a través de las técnicas mágicas, los secretos del refuerzo positivo y todo lo que necesitas para iniciar el entrenamiento.

Este libro te va a preparar para recibir a tu nuevo cachorro, desde cómo organizar tu hogar, hasta poder enseñarle a no ladrar a los extraños, además de entrenarlo para que comprenda que los zapatos nuevos no son juguetes para masticar.

Así que toma tus galletas de entrenamiento y acompáñame en este viaje de conocimientos, donde aprenderemos todo sobre el entrenamiento positivo de cachorros. ¡Vamos!

ESCOGE A TU COMPAÑERO PELUDO IDEAL

Si estás listo para poder cuidar a un perro, debes saber qué estás buscando. De hecho, algunas personas saben exactamente qué tipo de mascota quieren y dónde encontrarla, pero otras personas no tienen idea. Elijas lo que elijas, voy a tratar de cubrir los puntos principales que te pueden ayudar con tu decisión.

¿Qué es mejor un cachorro o un perro adulto?

La gente prefiere a los cachorros por razones obvias: son las criaturas más lindas del mundo y tener un perro cuando es joven tiene sus ventajas. Puedes empezar a enseñar a tu mascota desde el primer día. Es una buena manera para prevenir la formación de malos hábitos y tomar medidas para evitar problemas de socialización más adelante.

Cuidar de otro ser vivo desde una edad temprana también es bastante mágico. Sin embargo, hay que tener en cuenta que los cachorros requieren mucho tiempo. Los cachorros no saben nada sobre la cultura o las expectativas humanas. No están entrenados y necesitan mucho tiempo de paseo.

De igual manera, todavía no han descubierto que no deben morder. Además, se debe observar cada movimiento que hacen: los cachorros son curiosos y les gusta masticar todo lo que ven, por lo que requieren más paciencia y tolerancia.

¿Tiene alguna ventaja adoptar un perro adulto?

Bueno, los perros adultos no muerden tanto, y su entrenamiento doméstico es menos difícil porque tienen una vejiga más desarrollada y pueden "aguantar" por más tiempo. Los perros mayores también suelen ser menos costosos de adquirir.

Además, es más probable que ya estén completamente entrenados, conozcan comandos básicos como "sentarse" y "quieto", y estén completamente domesticados. Además, algunos de los mejores perros del mundo provienen de refugios de rescate, donde han esperado durante años antes de encontrar su hogar perfecto.

Sin embargo, pueden existir algunas desventajas…

Es posible que algunos perros adultos no hayan recibido una adecuada socialización cuando eran cachorros, lo que resultó en una falta de confianza en entornos específicos. Algunos perros, por ejemplo, pueden experimentar miedo ante los extraños. Si ya se han desarrollado hábitos negativos como masticar destructivamente, saltar sobre las personas y tirar de una correa, puede conllevar más tiempo corregir este comportamiento.

Considera las ventajas y desventajas de tener un cachorro joven en lugar de un perro adulto. Ten en cuenta que tener un cachorro definitivamente necesitará más paciencia y dedicación. Un cachorro o un perro adulto, independientemente de su edad, puede ser una adición fantástica a la familia, siempre que se tenga el tiempo y la paciencia para estar con ellos.

¿Qué tan importante es el tamaño?

Las personas pueden preferir perros pequeños para poder llevarlos en el bolso; otros pueden creer que los mejores perros son los más grandes. Después de haber trabajado con perros de todas las formas y tamaños, aprendí que el tamaño no tiene absolutamente nada que ver con la personalidad. Sin embargo, sí es un factor clave a considerar.

Toma nota de estos puntos:

- Los perros de mayor tamaño necesitan un espacio más amplio para poder hacer ejercicio.
- La esperanza de vida de las razas más pequeñas es más larga. Los chihuahuas pueden vivir 18 años, mientras que los boyeros de Berna solo viven de seis a nueve años. Los estudios publicados en *The American Naturalist* encontraron que cada 4.4 libras de peso ganadas disminuyen la esperanza de vida en un mes. El tamaño de un perro, junto a otros muchos factores, afectará su esperanza de vida.
- Cuidar a un perro de mayor tamaño implica más gasto a largo plazo. Una raza grande consumirá 10 veces más croquetas por día que una raza pequeña. Además, el aseo y los juguetes son más caros para los perros grandes.
- Los perros más pequeños son más fáciles de

manejar. Recogerlos y llevarlos a hacer recados es mucho más fácil. Aunado a ello, la mayoría de las aerolíneas comerciales permiten llevar perros pequeños a bordo como equipaje de mano, siempre que quepan en una bolsa de viaje debajo del asiento.

- Los perros más grandes también son más efectivos para asustar a los extraños. Es más probable que la aparición de un Bullmastiff en la ventana delantera asuste a los ladrones que la aparición de un maltés. Sin embargo, un perro pequeño, atento y ladrador también puede ser un excelente perro guardián.

- Es más sencillo controlar a un perro pequeño, ya que entrenarlo es más fácil. No es lo mismo que se abalance sobre nosotros una mascota de 05 kilos, a que lo haga una cuyo peso es de 36 kilogramos. Te tienes que preguntar si tienes la fuerza para manejar un perro de gran tamaño.

¿Mestizo o de raza pura?

Si bien muchas personas se enfocan en una raza en particular, honestamente puedo decir que muchos de los perros más amigables, inteligentes y capaces con los que he trabajado eran de razas mixtas. Por lo general, estas mascotas se encuentran en refugios y son el resultado de una reproducción accidental o aleatoria. En comparación con los perros de pura raza, cuestan mucho menos.

Por el contrario, es fácil ver por qué la gente quiere una raza específica. Puede que les encanten los Pugs porque crecieron con ellos, o los pastores alemanes porque les brindan una sensación de seguridad.

Además, con un perro de raza pura se puede predecir mejor su tamaño, sus requisitos de aseo y su apariencia. Usualmente con un cachorro de raza mixta todos estos componentes se tienen que adivinar. Es posible que te sorprendas cuando un perro que pensabas que no iba a ser muy peludo, termina dejando pelo por toda la casa, o cuando creías que iba a tener un peso mayor a 05 kilos y termina siendo tan pesado que no puedes levantarlo.

La mezcla de dos razas diferentes conduce a lo que se conoce como vigor híbrido. Al combinar dos razas diferentes, se combina una gama más amplia de rasgos, por lo que es menos probable que el perro tenga una de las condiciones genéticas comunes en ciertas razas. Un extenso estudio publicado por *The Journal of the*

American Veterinary Medical Association encontró que la prevalencia de los trastornos genéticos se ve muy afectada por el estado de salud de los perros de raza.

Hasta que podamos determinar cuál es más saludable, necesitamos realizar más investigaciones sobre el tema. Puedes estar seguro que, con tantas opciones, encontrarás un compañero amoroso y bien portado.

Elegir una raza

Cuando se elige un perro de raza pura por encima de un perro mestizo, se debe conocer los atributos de la raza. Los peligros de centrarse demasiado en la raza son demasiado grandes para exagerarlos. Las personas a menudo optan por razas basándose en estereotipos, solo para decepcionarse cuando el perro no se comporta como se esperaba. Sin embargo, casi ningún perro reúne todas las características definidas por una descripción de raza.

Te puedo asegurar que no puedes determinar con precisión los atributos de tu perro en función de su raza. Algunas veces los Yorkies no son expertos en Frisbee, los Basset Hounds son hiperactivos y los

Border Collies se aterrorizan ante las ovejas que fueron entrenados para pastorear.

Todo esto no quiere decir que las razas deban ignorarse por completo. Algunas algunas especificaciones son ciertas, como la muda y el tamaño de las mascotas, las cuales no varían mucho, por lo que las generalizaciones sobre ellas son más precisas.

Además, si estás eligiendo una mascota, intenta obtener una perspectiva más amplia de su raza y de su comportamiento; si, por ejemplo, quieres un perro para pastorear ganado, es posible que desees optar con una raza de pastoreo.

En resumen, el uso de estereotipos de raza está bien como punto de partida para el proceso de toma de decisiones, pero solo si comprendes que se trata de pautas y no de valores absolutos. Cada perro debe ser evaluado individualmente, así como cada ser humano es diverso, independientemente de su raza, religión o cultura.

Descripción general de la raza

Hay 189 razas de perros reconocidas por el American Kennel Club (AKC). Estas razas se dividen en siete segmentos según sus características. Sin embargo, es importante darse cuenta de que las excepciones siempre son posibles. Habrá perros que se ajusten en gran medida a sus estereotipos y otros que no. Como nota adicional, el AKC no tiene la última palabra sobre lo que constituye una raza. El AKC no reconoce varias razas, pero esto no disminuye la validez de las mismas.

El siguiente es un desglose de los principales grupos de perros:

Grupo Deportivo

Los perros de aguas, los perros perdigueros, los punteros y los setters son razas que disfrutan de la caza y otras actividades de campo. A menudo, requieren de mucho ejercicio, ya que son muy activos y alertas.

Grupo de pastoreo

Los animales de este grupo se crían para pastorear a otros animales, incluido el ganado. Muchos perros en este grupo son inteligentes y, a menudo, su entrenamiento es sencillo, aquí se incluyen los pastores alemanes, los border collies y los corgis galeses.

Grupo de trabajo

Los rottweilers, los grandes daneses, los perros esquimales siberianos y los perros de agua portugueses fueron criados para cuidar el ganado, tirar de trineos y rescatar personas. Estos perros tienden a ser inteligentes y fuertes.

Grupo Terrier

Los perros criados para la caza de alimañas, como los West Highland White Terriers, los Jack Russell, los Airedales y los Schnauzers miniatura, pueden ser agresivos e implacables. Pueden ser mascotas atractivas debido a sus personalidades vivaces.

Grupo de juguetes

Estos perros, incluidos el maltés, el habanero, el shih tzu y el chihuahua, son pequeños y se crían para tener compañía. También se les llama perros falderos.

Grupo sabueso

Este grupo incluye diversas razas de perros, como los Beagles, Basset Hounds y Dachshunds. Otros pueden tener una velocidad y resistencia excepcionales u otras cualidades que facilitan la caza.

Grupo no deportivo

Todos los perros que no parecen encajar en ningún otro grupo pertenecen aquí, como poodles, sharpeis, bichón frisé y bulldogs. Sus tamaños, apariencias y personalidades varían mucho.

¿Dónde conseguir un cachorro?

El siguiente paso, después de la investigación, es buscar a la mascota perfecta. Aquí hay algunos lugares excelentes para comenzar.

Refugios y Grupos de Rescate

¿Te gustaría tener un cachorro mestizo? ¿Qué tal un cachorro purasangre? ¿Tal vez ambos? Debe comenzar por buscar en refugios o grupos de rescate, independientemente del tipo de perro que prefieras. Estas organizaciones sin fines de lucro se especializan en una raza y utilizan familias de acogida para cuidar a los perros hasta que encuentren un hogar permanente. Si miras a tu alrededor, te va a sorprender la cantidad de perros que vas a encontrar. Aproximadamente el 25 por ciento de los perros en los refugios son de raza pura, según la Sociedad Protectora de Animales de los Estados Unidos (HSUS).

Son muchas las hembras caninas que están preñadas en estos refugios, ellas y sus cachorros van a necesitar un hogar. Las tiendas de mascotas también envían a los cachorros que no se venden a los refugios. Considera comprar exactamente a la misma mascota un mes antes en una tienda comercial por una fracción de precio.

Los refugios de animales aceptan nuevos perros por un sinfín de razones. Estos motivos pueden variar desde ser abandonados a la vera del camino, hasta ser dejados atrás por sus dueños por enfermedad o por la muerte de un familiar. Algunos los abandonan debido a una alergia inesperada, o porque se mudan a un sitio que no permite perros.

También es posible que el abandono ocurra porque los propietarios deciden que no quieren lidiar con cierto comportamiento, como ladridos o accidentes. Esto es debido a que no quieren tomarse el tiempo para entrenar a sus perros.

Algunos perros de refugio o rescate, debido a sus antecedentes, pueden tener dificultades para interactuar con las personas o con otros animales. Es posible que tu mascota tarde unos días más de lo normal en socializar, pero eventualmente lo logrará. En muchos rescates no se tiene idea de cómo fue el pasado del perro. Sin embargo, el personal o los voluntarios te dirán tanto como sea posible sobre la personalidad de la mascota en cuestión. Esto a menos que el perro acabe de llegar al refugio o a la organización de rescate ese mismo día.

Los perros rescatados ofrecen muchos beneficios a sus dueños. Uno de ellos es que vas a proporcionar un hogar a un animal que realmente lo necesita; podrías estar salvando su vida.

Cuando compras un perro de un criador o de una tienda de mascotas, el costo es mucho menor. El perro generalmente ya vendrá vacunado, con microchip, desparasitado y esterilizado o castrado, ahorrándote tiempo y dinero. No obstante, existe la posibilidad de encontrar una mascota increíble en un refugio o grupo de rescate. Algunos de los perros más adorables con los he trabajado provienen de estos refugios y grupos de rescate.

Puedes encontrar un refugio de mascotas o perros de rescate en tu área visitando refugios locales o visitando www.theshelterpetproject.org o www.petfinder.com (excelentes sitios web).

Asimismo, el *American Kennel Club* proporciona una red de rescate. No te rindas si no encuentras enseguida al perro que buscas; nuevos animales ingresan a refugios y grupos de rescate todos los días.

Criaderos de perros

Cuando se busca un cachorro de una raza específica, un criadero puede ser la opción adecuada. De hecho, algunos propietarios de estos sitios están muy bien informados sobre la cría de perros. Tienen estándares extremadamente altos sobre la crianza de animales, en cuanto a su salud y temperamento. Los perros son su vida y los aman. Aún así, hay que tener cuidado, porque hay muchos criadores poco éticos por ahí.

Algunas personas crían perros por una estricta cuestión de dinero y no les importa ni la salud de los cachorros ni el bienestar de los perros. Algunas personas aparean a sus perros por un poco de dinero extra, mientras que otras lo hacen como pasatiempo. A pesar de sus buenas intenciones, ellos no suelen saber mucho sobre cómo criar a cachorros sanos.

¿Cómo encontrar a un criador de buena reputación en un mar de miles? En primer lugar, pregunta a personas de tu confianza si te pueden recomendar un buen criadero; podría ser un amigo que sabe mucho sobre perros o su veterinario local.

Te sugiero no comprar un perro por Internet o por medio de anuncios clasificados, ya que esos cachorros generalmente provienen de fábricas de cachorros, lugares donde es usual que no se preste atención a los derechos de los animales. Siempre asegúrate de poder ver a los cachorros en persona.

Otros signos de un criador competente son:

- Te lleva a ver la casa del cachorro y te deja conocer a la madre y, si es posible, al padre.
- A veces no tienen cachorros a la venta.
- Te proporciona el programa de vacunación del cachorro, información sobre la raza y pruebas pertinentes de que examinaron a los padres para detectar problemas de salud relacionados con la raza, como cataratas hereditarias y problemas ortopédicos. Los registros veterinarios también pueden probar que el animal ha sido examinado y tratado.
- Te hace un montón de preguntas. Estos criadores no venderán a cualquier persona a sus cachorros.

- No te dejarán llevar a casa cachorros de menos de ocho semanas.
- El criadero ofrece mucho espacio para que los perros puedan correr, están en un ambiente limpio, tienen alimento y agua fresca, y mucho amor.
- Si necesita referencias, estarán encantados de proporcionar sus credenciales.

Tiendas de mascotas

Las tiendas de mascotas venden muchos perros que provienen de fábricas de cachorros. Detener la cría comercial de animales es más fácil si no compramos a nuestros perros en tiendas de mascotas.

Las excepciones notables a esta regla son las tiendas que ofrecen perros en adopción junto con refugios, organizaciones de rescate u otras instalaciones de control de animales. Algunos perros que provienen de estas fábricas de cachorro, no reciben suficiente comida, agua, socialización o atención veterinaria. A veces ni siquiera tienen acceso al aire fresco o la luz del sol. Les cuesta jugar o hacer ejercicio, y suelen perder sus extremidades porque se atascan o se infectan.

Hay casos en los que los perros se quedan afuera a la intemperie sin ninguna protección. Las hembras son preñadas tanto como sea posible sin descanso, y cuando terminan de tener una camada, a veces son asesinadas. Además, los dueños de estos sitios pueden matar a los machos después de criarlos. Las fábricas de cachorros no socializan ni cuidan a sus cachorros adecuadamente cuando nacen. Estos perros tienen muchos problemas de salud debido a las malas condiciones de crianza.

Los estudios han demostrado que los cachorros comprados en tiendas de mascotas tienen más probabilidades de ser agresivos, temerosos, sufrir problemas de ansiedad por separación y sus dueños presentan mayores dificultades para educarlos en casa, a comparación de los cachorros comprados en fuentes no comerciales.

Hay una creciente reacción en contra de las fábricas de cachorros. Más de 70 comunidades diferentes en los Estados Unidos han aprobado leyes que prohíben la venta de cachorros en tiendas de mascotas.

Además, la Iniciativa de tiendas de mascotas amigables con los cachorros de HSUS pide a las tiendas de mascotas que dejen de vender cachorros nacidos en criaderos comerciales y, en su lugar, adopten mascotas de refugios locales o vendan solo suministros. El compromiso ha sido firmado por unas 2.300 tiendas de mascotas hasta el momento.

Comprar en una tienda de mascotas no significa que no puedas encontrar un lindo perro, pero las probabilidades están en tu contra. Si miles de cachorros y perros adultos ingresan a los refugios cada año, ¿por qué apoyar a las fábricas de cachorros?

En caso de que hayas comprado antes a un cachorro en una tienda de mascotas, le diste a tu mascota una vida mejor al sacarlo de una jaula (¡o cuna!) y llevarlo a tu casa. Sin embargo, por las razones que acabo de explicar, solo debes adoptar otro perro de un grupo de rescate, refugio o criador responsable si alguna vez decides tener otra mascota.

2

¿CÓMO PREPARARTE PARA QUE UN CACHORRO LLEGUE A TU CASA?

El éxito en el entrenamiento de un perro depende en parte de qué tan bien te prepares física y mentalmente antes de que finalmente llegue tu cachorro.

Pero primero…

¿Cuánto dinero necesito para tener un cachorro?

Los dueños de perros a menudo subestiman cuánto cuesta cuidarlos. Un costo inicial puede variar desde una donación mínima en un refugio, hasta $2,000 DLS o más para una tienda de mascotas o para un criadero.

Tendrás que pagar más según el tamaño y la edad de tu perro, además de tus preferencias en cuanto aseo, el lugar donde vives y tu estilo de vida. Lo primero que necesitas son los suministros básicos, como un collar, una correa, una jaula, comida, un chequeo veterinario y tal vez castración o esterilización. Cada año tendrás que gastar dinero en alimentos, visitas al veterinario, medicamentos, juguetes y suministros. Los paseadores y peluqueros de perros también pueden hacer una gran mella en tu billetera, como los cuidadores y entrenadores de perros cuando tengas que viajar.

¿Qué equipo se necesita para un cachorro?

Es vital tener todos los artículos necesarios en tu hogar para ayudar a tu cachorro a acomodarse perfectamente. Al reunir todo el equipo de tu perro antes de que llegue a tu casa, va a proporcionar un entorno estable para la mascota. Se deben considerar los siguientes elementos:

Comida

Comida para perros: Comience dándole al cachorro alimentos familiares. Las opciones sin maíz y sin granos son excelentes para comenzar.

Galletas/ golosinas para perros: lo mejor es una dieta libre de azúcar, jarabe de maíz y jarabe de caña.

Huesos comestibles: no es seguro dar huesos reales a los perros, ya que los bordes afilados pueden quedar atrapados en la boca o la garganta. Los perros pueden masticar huesos comestibles durante largos períodos.

Cueros sin curtir: es menos probable que los perros muerdan los zapatos y los muebles si tienen disponible cuero masticable o sin curtir. Es importante saber que algunos perros tragarán trozos bastante grandes de cuero, lo que les provocará obstrucciones intestinales.

Agua dulce: si tu perro permanece en el exterior, puedes suministrarle agua fresca al colocar accesorios para tragos en el grifo de agua.

Tazones de agua y comida: las propiedades antibacterianas de los tazones de acero inoxidable evitan el crecimiento de bacterias. Esto, a su vez, mantendrá a su perro a salvo.

Collares y correas

Collar: es más seguro tener un collar plano con hebilla. El collar separable reduce el riesgo de estrangulamiento accidental. Si su perro lleva un collar deslizante o un collar de cadena, no lo deje desatendido. No es raro que los perros enganchen sus collares cuando saltan sobre vallas de tela metálica.

Correa: si tu perro suele tirar de la correa, será mucho más fácil para ti si sostienes una correa de cuero trenzado, en lugar de una correa plana de nylon.

Arnés o cabestrillo de cabeza: Usar un arnés o cabestrillo de cabeza es mejor que un collar si tu perro suele tirar o tiene un cuello sensible.

Cinturón de seguridad del automóvil o confinamiento: Si tu cachorro viaja contigo en un automóvil, asegúrate de que esté sujeto con un cinturón de seguridad, o dentro de una jaula para perros. Las mascotas no pueden viajar en la parte trasera de las camionetas sin ningún tipo de restricción.

Etiquetas de identificación: Cada uno de los collares de tu cachorro debe tener una etiqueta permanente remachada.

Microchip (Opcional): Tu veterinario puede implantar un microchip de identificación del tamaño de un grano de arroz entre los hombros de tu perro. Los veterinarios y los refugios escanean los chips cuando reciben un nuevo animal.

Licencia para perros: cada mascota debe tener una licencia del condado. Los cachorros deben tener vacunas contra la rabia antes de que puedan obtener la licencia.

Bozal: Los bozales de canasta son útiles para perros agresivos y en emergencias; un perro con dolor puede morder si alguien trata de tocarlo.

Cono/collar isabelino: Los perros con conos en el cuello no pueden lamerse las heridas.

Herramientas de aseo

Champú para perros: las mascotas no deben lavarse con champú para humanos.

Cortauñas: puedes usar un cortauñas para perros o una Dremel.

Soluciones de limpieza de oídos: los cachorros usualmente sufren de una infección de oído. La cera del oído se puede reducir con un lavado de rutina.

Cepillo: Para cabello corto, utilice un cepillo de goma; para cabello largo, un cepillo de cerdas.

Cepillo de dientes y pasta de dientes para perros: los perros de razas pequeñas pueden perder los dientes si no se cepillan. Los guantes de goma blanda son ideales para el cepillado. La mantequilla de maní y el hígado son sabores comunes para la pasta de dientes para perros.

Desodorante químico para accidentes de orinal: es más probable que los perros orinen en un área que huele a orina.

Insumos para Primeros Auxilios: Medicamentos para la diarrea, Neosporin, Benadryl, antisépticos, etc.

Bolsas de recolección: Puede optar por opciones biodegradables.

Cubo de basura: Un objeto para recoger el excremento de tu cachorro y una pala te vendrán bien.

Camas y Cajas

Jaula para perros: Un espacio lo suficientemente grande para que tu cachorro pueda darse la vuelta y ponerse de pie es vital.

Camas en varias habitaciones: Puedes proporcionarle a tu perro un lugar cómodo para dormir con camas suaves y limpias.

Ex-Pen/Playpen: Con estos corrales portátiles, tu cachorro puede estar contenido temporalmente mientras tiene más espacio que en una jaula.

Herramientas de formación

Spray de Manzana Amarga: Al rociarlo evita que tu perro mastique objetos.

Pedestal: Cuando la plataforma se eleva se convierte en un hogar para tu perro.

Juguetes: Existen juguetes para masticar, juguetes para dispensar alimentos, juguetes para desgarrar y juguetes de tira y afloja.

¿Cómo preparar su espacio vital?

Como padre de una mascota, tu principal responsabilidad es mantener a tu cachorro seguro, protegido y cómodo. Date un tiempo antes de que llegue tu perro para abordar cada una de estas responsabilidades.

Asegura el perímetro

Al inspeccionar el nuevo entorno de tu perro, la prioridad será asegurar el perímetro, tanto para evitar que tu mascota se escape como para mantener alejadas a las personas y a otros animales. Una valla debe tener al menos dos metros (seis pies) de altura para perros grandes, aunque algunos pueden subir más. Los perros son creativos y, a veces, usan un objeto como base para saltar una valla. Es bastante común ver perros cavando debajo de las cercas. Una cerca doble es útil en la entrada, porque si la primera cerca se abre accidentalmente, aún así tu perro no podrá pasar.

¡La seguridad es la clave!

Remueve cualquier cosa del mundo exterior que pueda dañar a tu perro. Esto incluye sustancias venenosas y alimentos como huesos, carnada para caracoles, clavos sueltos, cables eléctricos, palos afilados, aves rapaces (que se sabe que atacan a perros pequeños), coyotes o mapaches.

Para evitar que se puedan ahogar, tienes que asegurarte de que tu perro no nade en una piscina que tenga lados verticales por los cuales no pueda trepar. También existe la posibilidad de que tu perro entre en un espacio de arrastre debajo de la casa y quede atrapado o se encuentre con una serpiente. Los perros igualmente están en riesgo debido a la temperatura. Debes proporcionarle una sombra y agua fresca durante el verano, mientras que necesitará una casa cálida y con calefacción en el invierno. Tu mascota debe dormir en el interior por la noche, tanto por seguridad como por comodidad.

Mantener una buena higiene

Habiendo establecido un entorno seguro para tu cachorro, pasamos al área de la limpieza. Al compartir tazones de agua y áreas comunes donde poder hacer sus necesidades fisiológicas, los perros pueden transmitirse enfermedades entre sí. La limpieza y desinfección diaria de los pisos de las perreras son necesarias para un entorno con varios perros. También es necesario desinfectar los tazones de agua todos los días para matar bacterias y algas. Debes guardar la comida para perros en un recipiente hermético para evitar que entren hormigas y otros insectos. Lava regularmente la ropa de cama y los juguetes de tu perro en la lavadora o en el lavavajillas. Asegúrate de que la basura y los desechos de tu mascota se eliminen de manera diaria.

Prioriza la comodidad del perro

Ahora dirigimos nuestra atención a la comodidad, a la salud y a la seguridad del cachorro. Los perros deben tener suficiente espacio para correr y ropa de cama suave. Tu mascota se beneficiará de tener un área destinada como baño con tierra o pasto. Si hay hielo en el suelo, tu perro va a apreciar un abrigo y botines en invierno.

¿Cómo preparar tu mentalidad?

Tener un cachorro puede ser frustrante. Hay muchas formas en que los perros pueden manipular y aprovechar las situaciones cotidianas. Si quieres evitar perder la compostura, prepárate con una actitud tranquila y segura revisando los siguientes consejos:

La equidad es esencial

Asegúrese de que tu cachorro sea tratado de manera justa al tener reglas claras, específicas y alcanzables, junto con consecuencias que sean justas y predecibles.

Mantener la consistencia

No te retractes de tus decisiones; tienes que ser claro acerca de lo que quieres y pidelo constantemente.

Motivar con refuerzo positivo

Recompense el buen comportamiento de un perro para aumentar su motivación por complacer. En lugar de centrarse en los problemas, busca soluciones. Crea patrones positivos de comportamiento y éxito para tu perro.

La atención es la mejor recompensa

Considere brindar atención a tu cachorro como una poderosa recompensa porque lo es.

Puedes dárselo como premio por su buen comportamiento y retirarlo como castigo por un comportamiento inapropiado.

Siempre perdona

Lidia con el mal comportamiento y déjalo ir, en lugar de guardar rencor. Sé paciente y permite que tu cachorro haga las paces contigo.

También es beneficioso incluir estas estrategias: designa quién será responsable del nuevo perro o cachorro dentro de tu familia antes de que tu mascota llegue. Además de sacarlo a pasear, alimentarlo y jugar con él, el cachorro también necesita ser amado y abrazado por la familia.

Obtén un equipo de apoyo para tu mascota

Eventualmente tendrás que buscar ayuda para satisfacer las necesidades de tu perro, hazlo incluso si no va a suceder de manera inmediata. Aquí hay algunos roles esenciales:

Veterinario

A lo largo de su vida, tu perro necesitará vacunas de rutina.

Hospital de animales

Averigüe qué instalaciones de emergencia tienen un veterinario de guardia fuera del horario de atención.

Seguro de mascotas

Asegúrate de que tu perro tenga seguro médico.

Peluquero

Vigila a tu mascota mientras lo acicalas para asegurarte de saber lo que sucede.

Cuidado de mascotas

Si te vas de vacaciones, pídele a un cuidador de mascotas profesional que se quede en tu casa haciendo compañía a tu mascota.

Perrera de embarque

Examina cómo interactúan los perros entre sí y con qué frecuencia pelean.

Lecciones de entrenamiento de perros

Los cachorros deben asistir a clases de entrenamiento incluso cuando son jóvenes e ingenuos.

Amigo de confianza

Debe designar una persona de contacto en caso de emergencia.

3

BIENVENIDO A CASA, CÓMO INTEGRAR A TU CACHORRO A SU NUEVA VIDA

Día uno: Conociéndose

¡Tu nuevo cachorro finalmente está aquí, listo para irse a casa contigo! Es muy probable que estés eufórico, pero también puedes estar nervioso acerca de cuán dependiente será tu perro de ti. Tal vez te preguntes: "¿Cómo le enseñaré a mi cachorro? ¿Cómo debo alimentarlo? ¿Cómo puedo evitar que mi perro destruya mi casa? ¿Cómo puedo asegurarme de prestarle la atención necesaria con mi apretada agenda?"

Deberías pensar en estas cosas si aún no lo has hecho. Un nuevo perro puede ser emocionante, pero no olvides las responsabilidades que conlleva.

. . .

Sin embargo, ¡no te preocupes! No importa si escogiste cuidadosamente el perro perfecto para tu familia o si compraste un perro por capricho y sientes que has asumido más responsabilidad de la que puedes manejar, sea cual sea tu caso, te voy a guiar en la dirección correcta desde el primer día.

Adaptarte a tener una mascota en tu vida no será fácil ni sucederá de inmediato. De la misma manera, a tu perro le va a llevar algo de tiempo adaptarse a su nuevo entorno. El cachorro no sabrá qué hacer, por lo que tendrás que tener paciencia y mucha tolerancia. Como resultado, las cosas no saldrán exactamente según lo planeado. ¡Y eso está bien! Este capítulo te va a preparar para una transición suave.

Introducción a la nueva familia

El primer contacto con los miembros de la familia puede ser una experiencia placentera o caótica para tu perro. Con los pasos de este capítulo, puedes enseñarle a tu perro su nombre y cómo interactuar cortésmente contigo y con los miembros de tu familia.

Establece un tono armonioso en tu hogar desde el principio. Tu cachorro debe entender que no puede acosar o invadir a tu hijo o al gato. Asegúrate de que tu perro interactúe tranquilamente con otras mascotas de la familia. Educa a los niños sobre cómo actuar con respeto hacia tu mascota y cómo reducir situaciones potencialmente estresantes.

Debes introducir una nueva variable cuando permitas que tu perro conozca a tus hijos o a otras mascotas. No es una buena idea traer a todos tus familiares, amigos y vecinos en un primer momento. Al principio, solo presenta a tu cachorro a tu familia inmediata para mantener un ambiente tranquilo. Además, debes tomarlo con calma, por ejemplo, permitir que tu perro interactúe con tu gato, puede ser desastroso. Tomate el tiempo para hacer esto.

Los siguientes consejos harán que la presentación de tu familia a tu nueva mascota transcurra sin problemas:

Presentando a los niños

De acuerdo a la Asociación Médica Veterinaria Estadounidense, los perros muerden a más de 4,5 millones de personas cada año. Los niños no solo son las víctimas más usuales, sino que también tienen más probabilidades de sufrir lesiones graves.

Por eso, hay que enseñar a los niños a respetar el espacio de los perros. Los niños no deben interrumpir ni correr hacia un perro mientras este come o duerme. Dado que tratar con niños es más difícil de lo que parece, debes monitorear constantemente todas las interacciones entre tu perro y los niños. Una parte crucial de la convivencia es causar una buena impresión entre las partes.

Primero, controla la situación. No quieres que tu perro golpee a un niño pequeño, pero tampoco quieres que un niño tire de la cola de tu cachorro. Asegúrate de que tu hijo sea amable con la mascota. Cuando un niño le da al perro una golosina especial, como un pedazo de pollo, el primer encuentro suele mejorar. Esto le dice al perro, en el nivel más básico, "Estamos bien y puedes confiar en mí".

Desde unos pocos metros de distancia, pide a tu hijo que le arroje un trozo de carne, o de pollo, a la mascota. La distancia ayuda a que las dos partes, tanto el niño como el cachorro, se adapten el uno con el otro. La distancia siempre es una aliada cuando la mascota no está familiarizada con algo.

Además, si tu perro tiene la desagradable costumbre de agarrar las golosinas con brusquedad, tirar la comida hará que las cosas sean más tranquilas.

Tienes que cerciorarte de que tu mascota pueda acercarse a tu hijo.

De igual manera, no abrumes a los niños con la nueva mascota.Trata de interactuar con tu cachorro de forma breve y positiva. Cuando tu perro haya terminado de comer la golosina y parezca cómodo, pídele a tu hijo que se siente en el suelo y lo acaricie suavemente.

Tu hijo, o hija, no solo debe estar emocionado por el nuevo miembro de la familia, sino que tiene que entender que también es responsable de su cuidado. No intentes disuadir a tus hijos de jugar y cuidar al perro de la familia, sin embargo, debe establecer expectativas realistas. Cuando los niños tienen más de 12 años, pueden ayudar a entrenar a la mascota de la familia, solo si se toman la tarea en serio, pero es poco probable que los niños más pequeños puedan entrenar a su perro.

Presentación de otros perros de la familia

Una de cada tres familias con mascotas tiene dos o más perros. Sin embargo, si estás agregando un segundo (¡o tercer!) cachorro a la familia, es importante verificar que la introducción se realice sin problemas. Por lo general, debes presentar a tus perros en un lugar que ninguno de ellos considere su propio espacio. Poner a ambos perros con correa en tu vecindario o en un parque puede ser una buena idea. Solo toma precauciones y usa tu sentido común.

Asegúrate de que ambos perros están agotados antes de intentar controlarlos. Los perros generalmente están físicamente satisfechos con suficiente ejercicio, así es menos probable que reaccionen de manera desfavorable y, por lo general, son más fáciles de controlar. Puedes empezar por separar a los perros y ver cómo reaccionan. Evite forzar la presentación de las mascotas. Deje que se reúnan a su propio ritmo, incluso si inicialmente se ignoran. Después van a empezar lenta y mutuamente a olfatearse hasta llegar a conocerse. Como precaución, quizás debas separarlos durante unos minutos para darles un respiro antes de volver a intentar acercarlos.

Deberíamos facilitar a nuestros perros las situaciones nuevas tanto como sea posible. Lleva a ambos perros a casa y repite estos pasos antes de entrar, incluso si las mascotas parecen amistosas y se aceptan mutuamente. Luego, llévalos adentro. Está bien quitarles las correas si los perros todavía parecen estar bien con la compañía y no hay señales de alerta, como morder, intentar escapar o meter la cola entre las piernas. Los perros pueden jugar a pelear, y un perro mayor puede gruñir al perro nuevo si el perro más joven está saltando por todas partes. Esto es bastante normal hasta cierto punto.

Debes interrumpir el juego rudo entre tus perros si sientes que están jugando demasiado rudo. Los niños a menudo juegan pesado con sus hermanos. Así que sabemos que lo que puede comenzar como un juego, puede convertirse rápidamente en una disputa.

Aunque es posible que necesiten tiempo separados para tranquilizarse, aún pueden jugar juntos. Sin embargo, debes limitar su contacto, tanto como sea posible si nota que hay muchos gruñidos, ocurren altercados graves con regularidad o uno o ambos perros parecen particularmente agresivos entre sí.

Presentando al gato de la familia

Es común que los gatos y los perros sean retratados como enemigos mortales. Pero he visto muchos perros llevarse bien con sus compañeros felinos. Algunos incluso se convierten en mejores amigos. Solo tienes que andar con cuidado al presentar a tu gato al nuevo perro para evitar cualquier problema. Debes cerciorarte de que tu perro haya hecho suficiente ejercicio antes de conocer a tu gato por primera vez. Es mucho menos probable que los perros con energía acumulada se comporten bien en situaciones nuevas para ellos.

Cuando tienes un cachorro, por lo general es más fácil presentarle un gato porque, seamos honestos, los gatos son bastante buenos para engañar a los cachorros.

Antes de presentarle a tu cachorro a tu gato, verifica de que sus garras están recortadas. Comienza por colocar una correa al cachorro, para que no corra repentinamente hacia el gato y se lastime. Como alternativa, puedes poner al cachorro en una jaula, dejando que tu gato olfatee. Es vital dejar que los dos animales se acostumbren poco a poco, lo que puede llevar de unos días a semanas. Las golosinas son una buena forma de ayudar a tu perro a sentirse cómodo con los gatos. Además, si les das golosinas, los perros tienden a concentrarse más en ti durante la presentación. Tienes que concentrarte más en el gato si tienes un perro adulto o de mayor tamaño, especialmente si es uno con mucha energía.

Mantenlos separados al principio, luego acercarlos bajo circunstancias muy controladas durante días o semanas, tal vez incluso meses. Si eliges un perro sin antecedentes de agresión hacia otros animales, tendrás un gran comienzo. Mantén al perro con correa o coloca al gato en una jaula. Realiza las visitas de presentación con brevedad y control. Después de un tiempo, cuando veas que tu perro no se lanza hacia el gato y ladra, y que tu gato no silba y está agachado con las orejas hacia atrás, puedes dejar que el perro se suelte brevemente de la correa para ver cómo interactúan.

Cada vez que veas algo en su lenguaje corporal que te inquiete, tienes que intervenir y darles tiempo para que se conozcan. Un perro no debe ser presentado al gato de la familia demasiado pronto. Por lo general, eso no funciona.

No importa la edad que tenga tu perro, asegúrate de que tu gato tenga un lugar seguro usando una puerta para gatos, una puerta para bebés o incluso un alféizar de ventana al que solo el gato pueda acceder. Verifica que pueda llegar a su comida, agua y caja de arena. Cerciorate de que los animales no puedan interactuar directamente entre sí cuando no estés cerca. Esto no debería ser un problema si está utilizando una jaula para perros, puertas o áreas a prueba de perros.

Presentando la correa

Después de que tu perro esté en casa por unos días, debes ponerle la correa al cachorro.

Si tienes un perro mayor, probablemente esté acostumbrado a llevar correa; sin embargo, si tienes un cachorro o un perro que no está acostumbrado a estos instrumentos, podría entrar en pánico si siente alguna tensión sobre ellos. Ponte en los zapatos de tu perro. Esto debe ser bastante extraño ya que el animal nunca antes había sido inmovilizado. Es por eso que queremos ser proactivos a la hora de animar a nuestros perros a adoptar este nuevo dispositivo.

Te mostraré cómo:

1. Comienza dejando que tu perro huela y explore la correa por un minuto. Puedes sostenerlo o ponerlo en el suelo. Esto es para reiterar que hay algo nuevo en la sala que tenemos que conocer. Cuando estés en esta fase, dale golosinas para que la correa sea más positiva. Queremos que nuestro cachorro sepa que la correa viene con cosas maravillosas.

2. Engancha la correa al arnés o collar de tu perro dentro de tu salón o ambiente familiar, y déjalo salir a pasear. No dejes que se acumule tensión sobre el tema de la correa. Cambiemos las variables poco a poco. La correa puede parecer un juguete al principio, por lo que tu perro la agarrará y correrá. Aunque corregiremos este comportamiento en el futuro, es más importante que el perro esté feliz por ahora.

3. Una vez que tu perro haya caminado un rato con la correa detrás de él, usa una voz aguda o un sonido divertido para que el cachorro se acerque a ti. Ofrécele un sabroso manjar para conseguir una mayor cooperación de su parte. Recoge la correa con mucho cuidado durante un segundo, asegúrate de no generar tensión. Dale a tu perro una golosina como si dijeras: "Me gusta la forma en cómo reaccionaste a esa primera prueba".

Al comenzar lentamente, aumentamos en gran medida las posibilidades de un comportamiento favorable. Por eso usarás el mismo método en casi todos los casos en los que necesites enseñar algo a tu mascota. Hacer esto puede parecer una tontería, pero tu perro aprenderá mucho más rápido si divides las cosas en pasos más pequeños.

· · · ·

4. Siempre es aconsejable recompensar generosamente cuando se usa la correa durante largos períodos. Si tu perro comienza a corcovear o entrar en pánico, no te desanimes. Es solo una señal para reducir la velocidad. Es importante que no te asustes, ya que tu mascota captará esos sentimientos, lo que dificultará que se pueda calmar.

5. Por último, pero no menos importante, práctica sujetar la correa con una mano. Camina por la casa y atrae a tu perro con golosinas. Si tu perro tiene un estallido de energía que provoque tensión en la correa y no entra en pánico, tienes que recompensar su conducta de inmediato con una golosina extra. Siempre que tu mascota entre en pánico, puedes soltar la correa y pedirle a tu perro que se acerque a ti. La mayoría de los perros solo necesitan un período para adaptarse a la correa; está bien si les toma unos días poder conseguirlo.

Presentando el armazón de metal (a.k.a. La caja o La jaula)

Las cajas (antes llamadas jaulas) son una de las mejores herramientas que puedes usar para entrenar a tu perro. Si no está cercas para cuidar de tu mascota, la jaula lo mantiene a salvo de cualquier daño. Además, puede ser útil para entrenar a tu perro y prevenir comportamientos destructivos como masticar tus pertenencias.

Es por eso que debes presentarle la caja a tu perro lo antes posible. Mucha gente parece pensar que las jaulas son crueles, que es como encarcelar a un perro. Las mascotas pueden irritarse al permancer en jaulas si pasan demasiado tiempo en ellas o si las jaulas son demasiado pequeñas.

¿Alguna vez has notado cómo algunos perros prefieren dormir debajo de sofás o mesas, o les encanta esconderse en los armarios u otros lugares oscuros? No es ningún secreto que los perros prefieren rincones tranquilos y acogedores, y las jaulas no son una excepción. Puedes hacer de la jaula un lugar cómodo para tu mascota si se la presentas de forma divertida y la utilizas correctamente.

Entonces, ¿por dónde empezar? En mi experiencia, poner a tu perro en una jaula y cerrar la puerta solo lo asustará. Las personas suelen cometer ese tipo de errores con las jaulas: colocar a su mascota dentro de la jaula demasiado rápido y cerrar la puerta antes de que su mascota esté lista.

Aquí hay una mejor manera:

· Logra que tu perro entre a la jaula arrojándole un sabroso manjar. Después deja que se vaya, así tu mascota sabrá que existe una salida disponible. Sigue haciéndolo una y otra vez.

· A continuación, repite el ejercicio, pero esta vez cierra la puerta durante unos segundos. Luego, debes dejar salir a tu perro de inmediato, recompensalo con una golosina y dile: "¡Eso es, que listo eres!"

· A medida que aumenta el tiempo que tu mascota permanece dentro de la jaula con la puerta abierta, aumenta la cantidad de tiempo que mantienes la puerta cerrada. A partir de esto, considera si debes o no encerrar a tu cachorro en la jaula la primera noche que pase en su nueva casa. No hay prisa, es mejor que te tomes tu tiempo para hacer esto.

· Una vez que tu perro haya pasado tiempo en la jaula, intenta salir de la habitación y observa cómo reacciona tu perro cuando tú no estás allí. Al inicio debes ignorar los lloriqueos leves; sin embargo, si tu perro muestra un llanto o angustia más extremos, deja que tu cachorro salga y dale un descanso del entrenamiento con la jaula. Repite este proceso, cuantas veces sea necesario.

· Acostumbrar a un perro mayor a las jaulas no debería ser un problema si ya tiene una asociación positiva con ellas. Sin embargo, algunos perros odian las jaulas, especialmente si anteriormente tuvieron experiencias negativas con ellas. Tienden a hacer esto, especialmente si han sido encerrados demasiado tiempo, lo cual es común con las mascotas provenientes de las fábricas de cachorros y cuyos anteriores dueños de mascotas fueron negligentes.

Alimentación

Hay tantas opciones de comida para perros, como opciones de alimentos para humanos. Esto hace que sea muy fácil determinar qué alimento es saludable y cuál no lo es. Si te guías a través de cortes publicitarios o preguntando a los demás su opinión al respecto, vas a tener un sin fín de respuestas. Sin embargo, tú tienes la palabra final al respecto.

Eso no quiere decir que no tengas que considerar distintos factores para poder tomar una decisión.

¿Cómo debo escoger el alimento de mi mascota?

Sin importar qué suceda, cuando elijas el alimento para tu mascota, procura cerciorarte de leer con cuidado la lista de ingredientes, considerando las cantidades que cada producto tiene. Evita marcas que contengan ingredientes de baja calidad, como el maíz. Opto mejor por marcas que ofrezcan una mejor calidad de proteína, es decir, aquellas que tienen pescado o pollo como su ingrediente principal.

Cuando escojas un alimento debes cerciorarte que cumpla con los requerimientos nutricionales que necesita tu mascota. Estos parámetros varían de mascota a mascota basado en su estilo de vida, esto de acuerdo a la Asociación Americana Oficial de Control de Alimentos.

De igual manera, es buena idea realizar un análisis de los porcentajes de los nutrientes enlistados en cada producto, para verificar que cumplan con los requerimientos mínimos, tales como un porcentaje adecuado de proteína, grasa y fibra cruda.

Es importante no dejarnos engañar por la publicidad. Tal como sucede con la comida para humanos, el alimento para perros también puede contener frases engañosas tales como "alimentos naturales" o "alimentación balanceada". Aseveraciones que comprobamos que no son ciertas, hasta que el producto se encuentra fuera de la bolsa. Lo mejor es consultar a un veterinario para determinar cuál es el mejor alimento para nuestro perro, basado en su edad, tamaño, actividad física y su estado de salud general.

Algunas personas que trabajan en tiendas de mascotas están muy informadas con respecto al tema, y pueden ayudarte con tu decisión. De igual manera, puedes encontrar una multitud de reseñas sobre múltiples marcas de alimentos en la página www.dogfoodadvisor.com.

Dependiendo de las necesidades de tu perro, tu veterinario puede recomendarte alimento seco o alimento suave, o incluso una combinación de ambas. En el caso en que planees elaborar tú mismo el alimento para tu mascota, también deberías de consultar con un veterinario.

Al final de cuentas, la decisión también depende de tu mascota, así que quizás tendrás que probar un par de opciones.

¿Cuánto debe comer mi mascota?

Usualmente los cachorros suelen tomar de dos a tres comidas al día hasta que alcanzan los seis meses. Después de eso, puedes darle de comer a tu mascota de una a dos veces por día, dependiendo de su edad, tamaño y hábitos de alimentación y ejercicio. Un método denominado "comida libre", es una práctica donde las mascotas reciben su alimento al principio del día y su tazón contiene suficiente alimento para que ellos puedan comer a su gusto en el transcurso del día.

Como entrenador certificado, encuentro que seguir un horario es el mejor método, pues de esa manera podemos predecir las necesidades fisiológicas de nuestra mascota. Establecer un horario también es la mejor manera de asegurarnos que nuestra mascota come toda su comida, cuando vivimos en un sitio con múltiples mascotas.

¿Cuánta comida necesita tu perro?

Las necesidades alimenticias de tu mascota dependen de su tamaño, edad, metabolismo, hábitos de ejercicio e, igualmente, de las recomendaciones del producto. Revisar dichas recomendaciones, al reverso de la bolsa, te puede dar una idea de cuánto alimento necesita tu perro. Un perro que realice una gran cantidad de ejercicio necesita muchas más calorías que un ejemplar de su misma raza, tamaño y edad que no practique la misma cantidad de ejercicio.

Puedes consultar con tu veterinario acerca de la cantidad adecuada de alimento para tu mascota, después asegúrate de que tu perro mantenga un peso adecuado. Si tu mascota está ganando peso, puedes ayudarlo a controlar su talla, limitando sus galletas, recortando sus porciones o incrementando la intensidad o frecuencia de actividad física. Todo esto, por supuesto, bajo la guía de un veterinario.

Alergias caninas a considerar

Un cachorro o un perro adulto pueden ser alérgicos a varios grupos de alimentos como carne, pollo, cordero, pescado, huevo, maíz y soya. Estas alergias varían de una mascota a otra. Un perro que es alérgico a alguno de estos alimentos, lo puede ser también a otros productos. De igual forma, una mascota puede consumir durante meses, incluso años, un alimentos y de repente desarrollar una alergia hacia el mismo.

Erupciones cutáneas, inflamación de oídos, vómito y diarrea son algunos de los síntomas que puede presentar un perro con alergias. Una vez que la alergia se presenta, debes tratarla y preguntar a tu veterinario por más información. Para determinar el motivo exacto de la alergia, un experto va a prescribir una dieta hipoalergénica o una porción de comida especial.

Dietas de comida cruda

Hay una multitud de formas de alimentar a una mascota. La dieta BARF, por ejemplo, es una dieta con base en comida cruda. Su nombre es un acrónimo de Bones and Raw Food or Biologically Appropriate Raw Food, lo que en español se traduce como Huesos y Comida Cruda o Apropiación biológica de alimentos crudos. En teoría, los perros pueden comer carne cruda, huesos y órganos, tal y como sus ancestros lo hicieron cuando eran salvajes. Hay algunas personas que claman por los beneficios de esta dieta, diciendo que garantiza pelaje más brillante, dientes limpios, piel sana y mayor energía en las mascotas. Sin embargo, no hay estudios que avalen esta información.

Muchos veterinarios, junto con la Asociación Americana de Veterinarios, los Centros de Control y Prevención de Enfermedades, y otras muchas organizaciones apuntan a los peligros de una dieta basada en alimentos crudos, entre ellos, se incluye la enfermedad de E-coli y el riesgo de que los huesos perforen los órganos.

Un estudio publicado en el Journal of the American Veterinary Medical Association examinó una dieta con base en alimentos crudos y encontró que la misma está relacionada a muchos problemas de salud caninos.

La decisión sobre cómo alimentar a tu mascota es por completo tuya, pero te recomiendo ampliamente que trabajes de cerca con tu veterinario una dieta balanceada. Sin embargo, te aconsejo evitar la dieta BARF debido a que sus riesgos son mayores que sus potenciales beneficios.

La primera noche

Una primera noche que parece mágica, se puede convertir de manera rápida en una pesadilla cuando llega el momento de ir a la cama. No es nada placentero cuando un lindo cachorro te despierta a las tres de la mañana. Por supuesto, tu mascota es adorable, pero necesita dormir.

Mantén expectativas realistas, no esperes una buena noche de sueño de forma inmediata, incluso si tu perro duerme durante toda la noche. Como dueño de un cachorro vas a tener que despertar por la noche, al menos durante las primeras semanas.

Tú y tu perro van a poder dormir mejor cuando tu mascota se haya habituado a un horario de sueño. Este proceso puede tomar unas cuantas semanas, así que sé paciente. Cuando un cachorro tiene 12 semanas de nacido, requiere dormir al menos ocho horas diarias.

Durante la primera noche es normal que tu cachorro se sienta asustado, solo y confundido.Quizás ha sido separado de su madre y de sus hermanos por primera vez. Es mejor permitir que tu cachorro duerma en tu habitación durante las primeras noches. Tu mascota va a necesitar mayor confort durante este tiempo. Lo mejor sería mantener la jaula de tu mascota al lado de tu cama. Lo primero sería hacer que tu cachorro use la jaula durante el día, esto se debe a que durante la noche no se va a sentir feliz al ser puesta en ella, si antes no se ha acostumbrado a permanecer dentro. Una jaula siempre debe representar un lugar seguro y placentero para tu mascota, nunca debe convertirse en un espacio negativo. De la misma forma, debes asegurarte que tu cachorro no asimile estar en una jaula como castigo.

Si tu mascota va a dormir contigo, es importante cerciorarse de su seguridad, puedes colocar algunas toallas viejas o sábanas justo debajo de tu cama. No permitas que tu cachorro muerda o rasque nada. Lo importante es que, de acuerdo a su edad, tu mascota realice la cantidad adecuada de ejercicio durante el día, así estará menos estresado por la noche y más dispuesto a dormir. Trata de ignorar los primeros sollozos de tu cachorro durante la noche. No es buena idea sacar de inmediato a tu mascota de la jaula, pues de esa manera, va a entender que con un poco de llanto consigue salir de la jaula y jugar.

Sin embargo, es correcto sacar a tu mascota de la jaula si ha estado llorando por más de veinte minutos y si tú estás listo para salir a caminar. Está bien si no haces esto todas las noches, pero sí hacerlo durante los primeros días mientras el cachorro se acostumbra. Muchas personas pierden la paciencia cuando la hora de dormir llega, no lo hagas, en este terreno, un cachorro es muy parecido a un bebé. Tienes que ser paciente y empático para ayudar a tu mascota a transitar por este proceso.

Asegúrate de que tu cachorro se sienta cómodo y seguro. Más tarde que temprano, tú y tu perro estarán pasando una buena noche juntos.

4

ENTRENAMIENTO EN CASA

El entrenamiento para ir al baño un cachorro es un asunto de paciencia, constancia y reforzamiento positivo. La meta es generar un hábito. Usualmente toma de 4 a 6 meses completar un entrenamiento para ir al baño. No obstante, algunos cachorros necesitan un poco más de un año. El tamaño de tu mascota va a ser toda la diferencia. Razas pequeñas tienen un metabolismo rápido, sus deposiciones son más pequeñas y sus salidas al baño son más frecuentes. Otro factor importante a tomar en cuenta es la residencia previa de tu mascota, ya que si tu mascota tiene un hábito ya desarrollado sobre cómo ir al baño, va a ser un poco más difícil que aprenda un nuevo hábito. No te asustes. Mientras continúes entrenando a tu mascota y premiando su buen comportamiento, ella o él van a aprender que tienen que hacer.

¿Cuánto puede durar tu perro antes de ir al baño?

No debes olvidar que la vejiga de un cachorro crece junto con el cachorro. Cuando son jóvenes, su vejiga es más pequeña, lo que significa que necesitan ir más veces al baño. En términos generales, la habilidad de un cachorro para contener su vejiga aumenta cerca de una hora por cada mes de vida de nuestra mascota.

Eso significa que en un mes ellos se pueden contener cerca de una hora antes de tener que orinar. A los 2 meses de nacidos, ellos deben poder contenerse durante 2 horas antes de tener que ir al baño.

Durante los primeros meses es muy importante no tratar de superar este intervalo de tiempo antes de que nuestro cachorro acuda al baño, ya que esto puede provocar accidentes. Trata de respetar el tiempo y el espacio del cachorro para que pueda realizar sus necesidades.

Como regla general, los cachorros mayores de seis meses tienen una vejiga sana y fuerte que puede esperar más de 3 a 4 horas para acudir al baño. Esto puede ser de mucha ayuda si trabajas lejos o si sales de viaje y necesitas que alguien más vaya a visitar a tu mascota, así ellos pueden esperar para salir a hacer sus necesidades, en lugar de evacuar en la jaula o en el cuarto donde se encuentran.

En términos de excremento, un cachorro suele defecar después de comer. Si tienes que salir de casa, procura permanecer junto a tu cachorro por un período de 45 minutos después de que coma. Eso te dará suficiente tiempo para permitir que haga sus necesidades. Ellos normalmente necesitan un período de entre 5 a 30 minutos después de comer para hacer sus necesidades.

De igual manera, si juegas con tu cachorro antes de tener que salir, entonces, después de la sesión de juegos, llevalo afuera para poder hacer sus necesidades, ya que el juego lo puede estimular.

Tapetes entrenadores para cachorros

A la hora de entrenar a un cachorro, lo mejor que he hecho es usar tapetes entrenadores. Y la mejor decisión que he tomado al respecto, es elegir un tapete que luzca como un espejo. Por alguna razón, funciona muy bien.

Sin importar si decides usar un tapete que luzca como un espejo o de algún otro diseño, hay cosas que sí o sí necesitas hacer.

Tan pronto como el cachorro llega a casa, lo primero a hacer es colocar el tapete entrenador en un cuarto. Cuando el cachorro comienza a mirar el tapete y se comporta como si quisiera ir al baño, oliendo el suelo alrededor del tapete, lo colocó sobre él. Si el cachorro hace sus necesidades sobre él, hay que recompensarlo con un premio. De esta manera, no pasa mucho tiempo antes de que el cachorro vaya por sí mismo directo al tapete. Esto tarda cerca de dos días.

Después de eso, comienza a mover el tapete hasta la puerta que deseas que el cachorro use para salir. Trata de no mover el tapete muy lejos de donde inicias el entrenamiento, solo muévelo lentamente hacia la puerta. Una vez ahí, deja que use el tapete por un día o dos, antes de sacar el tapete fuera de la casa.

En el último tramo de este proceso, cuando veas que el cachorro necesita hacer del baño, gentilmente tómalo y colócalo sobre el tapete, después saca a ambos afuera. Si no tienes suficiente tiempo para hacer esto, solo coloca a tu cachorro sobre el tapete para que pueda hacer sus necesidades.

En cada punto, da a tu cachorro un premio por su buen comportamiento.

Este proceso puede tardar un poco más de lo esperado. Lo que tienes que recordar es que tu mascota va a necesitar ir al baño en cuanto despierte, después de jugar o de comer, entonces, así podrás conocer cuál es su horario.

Es muy importante nunca castigar a tu mascota o enojarse con él por hacer sus necesidades dentro de la casa, los accidentes ocurren. En ocasiones vas a recibir el consejo de que coloques el rostro de tu mascota sobre sus evacuaciones cada vez que él o ella haga sus necesidades dentro de la casa, no lo hagas por ningún motivo. No ayuda en nada. Nuestras mascotas no entienden qué es lo que ocurre y solo se sienten asustados. Enojarse o castigar a tu cachorro solo conlleva que ellos no quieran hacer sus necesidades enfrente de ti y que sean reticentes a aprender cómo hacerlo.

. . .

¿Cómo manejar el entrenamiento para ir al baño?

Los cachorros, y después los perros, aman los premios y las recompensas.

Una vez que tu cachorro inicie el proceso de ir al exterior a evacuar, no olvides que cada vez que él lo haga, debes recompensarlo. No otorgues el premio mientras que tu cachorro realiza todo este proceso, esto solo hará que se distraiga con el premio y que no finalice lo que ha iniciado o que realice sus necesidades a medias. Espera siempre hasta que él finalice.

Mientras haces esto, usa una frase que tu cachorro pueda relacionar con el proceso. Trata de no usar "Buen chico" o "Buena chica", porque esto puede resultar un tanto confuso. Durante un tiempo intenté usar "Sé buen chico", pero no fue una gran idea. En su lugar, usa una frase pequeña como "pipí" o "popó", o cualquier otra palabra que te sientes cómodo utilizando. Asegúrate de que tu cachorro empiece a asociar esas palabras con el acto de ir al baño. Este es un paso clave ya que así tu mascota va a saber porqué acción él o ella está siendo recompensado.

. . .

¿Dónde?

Escoge un sitio exterior donde tú quieres que tu cachorro realice sus necesidades. Cada vez que él acuda al baño, di la palabra clave. Siempre lleva a tu mascota al mismo lugar para que acuda al baño, en la mañana, a última hora de la noche, después de comer o después de finalizar una sesión de juegos. Si usas un tapete entrenador, llévalo al área designada para el baño. El olor del tapete puede ayudar a relajarlo.

Cuando es tiempo de ir al baño, evita jugar con tu cachorro. Recuerda que fácilmente se distrae y olvida qué es lo que estaba haciendo.

Si tu cachorro luce un poco confundido, o no se está comportando como esperas, solo anímalo a olfatear el suelo donde quieres que él realice sus necesidades. Quédate afuera con él hasta que haya terminado sus necesidades. Si después de 5 minutos no sucede nada, entonces llévalo de vuelta a dentro, pero tienes que vigilarlo de cerca. Transcurridos diez minutos, vuelve a salir con él y sigue repitiendo este proceso hasta que tu cachorro necesite ir al baño.

· · ·

Las señales de que tiene que salir al exterior

Intenta vigilar a tu mascota todo el tiempo mientras intentas entrenarlo para ir al baño. Sé que esto puede ser un desafío, pero si observas y supervisas su comportamiento no solo vas a notar cuando tu cachorro necesita ir al baño, también vas a aprender a reconocer las señales que emite. Quizás ande en círculos, olfatee el cuerpo o quizás quiera ir donde antes solía hacer sus necesidades.

Si ves que tu cachorro ha empezado a hacer del baño en otro lugar, tómalo y llévalo afuera a que termine sus necesidades. Si lo hace, recompensa a tu cachorro y muestrale cariño.

Observa a tu cachorro, identifica estas señales o descubre alguna señal particular que él o ella esté emitiendo. Necesitamos observar y aprender lo que ellos nos están tratando de decir. Tan pronto detectes este comportamiento, llévalo afuera. Si tu mascota hace del baño después de que lo saques, recompensalo ampliamente.

¿Qué hacer durante la medianoche y cuando salimos de casa?

Tu mascota no será capaz de aguantar hacer sus necesidades todas las noches durante meses. Esto significa que en algún momento va a necesitar evacuar durante la noche. Antes de irte a dormir coloca algunos periódicos o tapete de entrenamiento dentro de la casa, pero no olvides sacarlos afuera en la mañana y colocarlos justo en su área de baño. Si tienes que salir de casa, intenta hacer lo mismo, pero intenta no demorarte más de tres horas, al menos en un principio.

Completar el entrenamiento para ir al baño va a demorar unos cuantos meses, pero cada vez los accidentes serán menos frecuentes. Trata de ser paciente. Si haces todo como corresponde, en unos pocos años, vas a olvidar todos los problemas o inconvenientes que supone que tu mascota vaya al baño.

¿Cómo limpiar el desastre?

Es importante limpiar muy bien el área con la intención de remover los olores. No uses productos que contengan amoníaco, esto solo estimula a tu cachorro a volver a hacer del baño en el mismo sitio. Lo creas o no, he descubierto que el agua fría es un buen aliado para esta tarea, remueve muy bien la suciedad y los olores.

Puedes usar productos biológicos, incluso algunas personas utilizan una combinación de vinagre y agua. Lo he intentado, pero no estoy suficientemente convencido de que funcione adecuadamente, pero conozco a otros dueños de perros que dicen que funciona de las mil maravillas.

Establece un horario

Una de las mejores y más efectivas herramientas para entrenar a tu cachorro es habituarse a un horario. Los aspectos más importantes a incluir son el horario de comida, la hora de dormir (a los cachorros les encanta dormir) y, por supuesto, la hora de ir al baño.

Establece tu horario

Cuando llevas a tu cachorro por primera vez a tu casa, asegúrate de llevarlo continuamente afuera. Hazlo justo después de que despierte, después de jugar, comer o beber.

Todo lo que tienes que hacer para establecer un horario es prestar atención en estos cinco pasos.

- Siempre alimenta a tu cachorro a la misma hora.
- Alimenta a tu cachorro con la misma frecuencia, por ejemplo, cada 2 horas (dependiendo de su edad).
- Llévalo afuera tan pronto despierte.
- Lleva a tu mascota afuera justo antes de dormir.
- Siempre llévalo afuera después de jugar o comer.

Para que un día sea realmente bueno, no olvides la hora de la siesta. Tu cachorro va a querer dormir después de comer. Solo asegúrate de llevarlo al baño justo después de comer, pero antes de su primera siesta del día. Yo intentaba sacar a mis cachorros apenas y despertarlos, después los alimentaba y jugaba con ellos por un período de 20 a 30 minutos, dependiendo de con cuánto tiempo contaba. Luego los llevaba de nuevo afuera antes de que durmieran. Ellos siguieron este itinerario desde que eran cachorros, hasta que se acostumbraron. Actualmente, ya como adultos, ellos acuden al baño justo después de despertar o después de desayunar.

. . .

Hora de la siesta

Los cachorros duermen mucho. Cuando son muy jóvenes, desde que nacen hasta los tres meses, pueden dormir incluso 18 horas al día, e incluso pueden alcanzar las 20 horas d e sueño.

Un cachorro puede caer dormido de repente, incluso a la mitad de una actividad (puedes ver uno o quizás dos videos sobre el tema en Youtube, los cachorros lucen adorables). De repente colapsan mientras mastican un juguete o están sentados a mitad de una habitación. Cuando esto suceda, solo tómalo y ponlo gentilmente en la cama o en su jaula (con la puerta abierta).

Fácilmente un cachorro puede dormir 7 horas por la noche y muchos de ellos pueden dormir todo ese tiempo sin necesitar ir al baño durante la noche,

Los cachorros necesitan dormir, así que no olvides permitirles que duerman. Esto podría resultar un poco difícil al principio, las visitas que llegan a tu casa, y los mismos habitantes, pueden querer acariciarlo, levantarlo o jugar con él. Todo esto está bien, pero no olvides darle tiempo para dormir. Lo necesita.

Aquí un ejemplo de cómo puede lucir un buen itinerario:

Horario

Actividad

7:00 AM

Despertar e ir al exterior.

7:30 AM

Desayunar.

7:45 AM

Tiempo de jugar.

8:00 AM

Momento de acudir al baño.

8:15 AM

Hora de dormir (junto a un juguete en la jaula).

10:15 AM

Hora de ir al baño.

10:30 AM

Comida.

10:40 AM

Momento de ir al baño.

10:50 AM

Tiempo de jugar.

11:10 AM

Momento de ir al baño.

11:15 AM

Hora de dormir (junto a un juguete en la jaula).

1:15 PM

Despertar/Ir al baño.

1:20 PM

Comida.

1:25 PM

Momento de ir al baño.

1:30 PM

Hora de jugar.

2:00 PM

Momento de ir al baño.

2:15 PM

Hora de dormir (junto a un juguete en la jaula).

Vas a establecer el itinerario perfecto para ti en cuanto descubras en qué momento tu cachorro acude al baño, puede ser después de comer o justo después de jugar. No importa qué, siempre llévalo afuera en cuanto despierte.

Al final del día, tiene que acudir afuera para ir al baño y después a su jaula, canasta o cama para dormir.

El itinerario establecido puede variar conforme el cachorro crezca y comience a dormir menos, pero la hora de la siesta siempre va a ser un gran evento, más de catorce horas al día.

Entrenandolo para la jaula

Muchas personas piensan que usar una jaula puede ser cruel, pero sí se usa adecuadamente es un lugar donde tu cachorro se puede sentir seguro y feliz. Ese es el principal objetivo de entrenar al cachorro para usar la jaula. Usar una jaula conlleva un sin fin de beneficios, tanto que te puede ayudar a establecer una relación más fuerte con tu cachorro, puedes incluirlo en muchas actividades e incluso llevarlo contigo en días festivos. Lo más importante de usar una jaula es proporcionar un ambiente seguro para tu cachorro. Nunca utilices una jaula como castigo.

El entrenamiento con una jaula es una manera de acelerar la velocidad del entrenamiento de nuestro cachorro.

La razón por la que usar una jaula funciona en el entrenamiento para ir al baño es porque a los perros no les gusta ensuciar el lugar donde duermen y donde se relajan. El cachorro no va a ensuciar la jaula porque lo reconoce como su hogar o espacio seguro. Además, si duerme en su jaula, el cachorro va a hacer todo lo posible por aguantar hasta que pueda salir de la jaula.

Esto te da más control porque sabes dónde está tu cachorro, además de que tendrás la seguridad de que querrá ir al baño por la mañana, en cuanto abras la puerta. Pronto se acostumbrará a esta rutina, especialmente cuando reciba elogios y recompensas.

El entrenamiento con jaulas tiene múltiples beneficios. Tu mascota podrá viajar contigo más fácilmente, en coche o en avión. Será más sencillo visitar a amigos y familiares porque puede usar su jaula como una transportadora. Puedes salir de casa sabiendo que no volverás y los muebles estarán mordidos (esto sólo suelen hacerlo los cachorros) y la casa hecha un desastre. Además tu perro puede usar su jaula como su cama y dormir allí durante la noche.

En resumen, la jaula le da a tu perro un lugar seguro para descansar y dormir. Esto les ayuda a sentirse más cómodos cuando están solos en casa, así también pueden sentirse seguros en una nueva casa o habitación que ambos visiten, igualmente significa que tu perro puede disfrutar más de su vida si tú tienes que salir de casa o de viaje. También les ayuda a establecerse con un cuidador profesional si necesita quedarse fuera de casa cuando te vas de vacaciones.

Presentando al cachorro con su jaula

Después de haber elegido la jaula para tu mascota y antes de que llegue a casa, coloca una manta o algo suave para que se pueda acostar. Si estás utilizando una jaula de segunda mano, asegúrate de lavarla bien para eliminar cualquier olor de otros caninos.

Si la jaula es de alambre, coloca una manta o algo suave sobre la parte superior o en el costado de la misma. Esto puede ayudar a que la jaula se sienta más como una especie de guarida, especialmente por la noche. No cubras los cuatro lados y asegúrate de que la parte delantera de la caja (donde está la puerta) quede descubierta.

Coloca la jaula en una habitación que sea también utilizada por el resto de la familia. Esto va a ayudar a que el cachorro se acostumbre a la jaula sin estar separado de ti (y de su nueva familia), y así no se sentirá solo ni asustado. Un cachorro no estará acostumbrado a estar solo, por lo cual de hacerlo se sentirá solo y asustado, especialmente cuando llegué por primera vez a su nuevo hogar.

Cuando tu cachorro llegue a casa, coloca sus juguetes en la jaula.

El primer paso es colocar algo de comida alrededor de la caja. Si tu cachorro no comienza a moverse hacia la jaula por su propia voluntad, entonces, atrae su atención hacia la jaula usando un tono de voz feliz y arrojando golosinas alrededor y cerca de ella. Sigue intentándolo hasta que tu cachorro comience a acercarse a la caja y a sentirse cómodo alrededor de ella.

El siguiente paso es comenzar a mover lentamente las golosinas, previamente arrojadas, hacia la puerta y luego dentro de la caja. Dale muchos elogios en todas las etapas. Realiza este paso cuando el cachorro haya comenzado a acostumbrarse a estar cerca del exterior de la jaula. Cuando empiece a entrar en ella, no cierres la puerta.

Sigue jugando y mueve las golosinas o la comida cada vez más adentro de la jaula. Solo déjalo entrar y salir y explorar si quiere. Lo que buscamos es que se acostumbre a entrar y salir por sí solo. Dependiendo de su experiencia previa, esto puede tomar de 10 minutos a algunos días. Mantén las sesiones de entrenamiento por un período entre 3 a 5 minutos.

Si por alguna razón tu cachorro no responde a la comida, ni a las golosinas, entonces, atraelo con su juguete favorito (algunas razas prefieren los juguetes a las golosinas).

Lo que procede es aumentar el tiempo que el cachorro pasa en su jaula. Puedes hacer esto al alimentarlo en su jaula o puedes poner un juguete Kong lleno de golosinas para que juegue con él.

Si se resiste a entrar en su jaula, coloca su plato de comida al lado de la puerta y luego muévalo lentamente dentro de la misma hasta que coma en la parte trasera de la jaula.

Una vez que tu cachorro esté feliz de entrar y salir y tal vez quedarse unos minutos en su jaula, intenta cerrar la puerta. Puedes intentar hacer esto cuando el cachorro esté comiendo, pero una de las formas más efectivas es darle su Kong relleno con algo que le encanta. Espera hasta que comience a estar absorto en su comida, luego cierra la puerta lentamente. Si cierras la puerta y él se pone ansioso o asustado, abre la puerta de inmediato.

Si no pasa nada, espera unos minutos antes de volver a abrir la puerta.

Cada vez aumenta un poco más el tiempo que la puerta permanece cerrada, intenta llegar a los 10 minutos. Si tu cachorro muestra signos de angustia, si jadea, gime, se encoge o muestra signos de agresión, entonces, habrás aumentado el tiempo demasiado rápido.

Una vez que tu cachorro esté feliz de permanecer en la jaula por 10 minutos, después de comer o jugar, es porque habrá entendido que la jaula es su espacio seguro.

Ahora puedes comenzar la siguiente fase del entrenamiento: esto es desaparecer del campo de visión mientras tu cachorro está su jaula con la puerta cerrada.

Esta es la etapa en la que los juguetes y su Kong (lleno de comida, mantequilla de maní o queso blando) realmente serán de ayuda. Coloca los juguetes de tu cachorro en su jaula y cierra la puerta una vez que haya entrado. Quédate al lado de la jaula durante unos 5 minutos antes de salir silenciosamente de la habitación y desaparecer de la vista. Una vez que estés fuera del campo de visión, da la vuelta y regresa al costado de la jaula y siéntate junto a ella durante 5 minutos.

Gradualmente vas a comenzar a permanecer fuera de su vista por más tiempo. Realiza esta actividad en el transcurso del día, pero en diferentes momentos. Tendrás que repetir el proceso varias veces. Si escuchas ladridos o sollozos, no regreses de inmediato. Intenta encontrar un hueco entre ellos: aquí es cuando vuelves. El objetivo es aumentar el tiempo que estás fuera de su vista por alrededor de 30 minutos.

Una vez que consigas esto, puedes empezar a salir de casa y dejarlo solo, únicamente recuerda dejarle sus juguetes para que no se aburra. Antes de irte, asegúrate de que tu cachorro ha comido algo y que ha hecho ejercicio, y recuerda marcharte de forma tranquila y sin alborotos.

Para dormir durante los primeros días puedes colocar la jaula de tu cachorro en tu dormitorio por la noche. Haz esto solo durante unos días, no más. Cuando tu cachorro llegue a casa por primera vez, probablemente esté acostumbrado a dormir con otros cachorros, por lo que dejarlo dormir contigo en tu habitación lo ayudará a adaptarse.

Una vez que coloques su jaula en su habitación, el cuarto donde tu cachorro pasará la noche, asegúrate de apagar todas las luces cuando tú (y él) se acuesten. Puede dejar encendida una luz de apoyo, si así lo deseas, pero asegúrate que no sea brillante.

Tamaño y tipos de jaulas

Hay 3 tipos principales de jaula: de plástico, de alambre y de tela. Piensa en la jaula como un maletín de viaje y como un lugar seguro. En lo personal tengo experiencia con las jaulas de tela, pero conozco a muchas personas que usan plástico. La elección depende de ti.

¿Qué tamaño?

A diferencia del material, el tamaño de la jaula sí importa.

Si la jaula es demasiado pequeña, hará que tu canino se sienta incómodo, y si es demasiado grande, puede hacer que se sienta inseguro. Necesitas saber tanto la altura como el ancho y el largo de la jaula (o perrera).

Lo más fácil es tener una idea del tamaño que alcanzará tu cachorro. Si estás entrenando a un perro adulto (mayor a los 12 meses), mide desde la parte superior de la nariz hasta la base de la cola. Es buena idea medir su altura cuando está sentado. Para estimar el tamaño de la jaula, deberás agregar alrededor de 2 a 4 pulgadas a su medida de altura y de 1 a 2 pulgadas de longitud. El ancho es menos importante, ya que este se relaciona con la altura.

Lo siguiente que debes hacer es verificar el peso de tu canino o, en el caso de un cachorro, tienes que verificar el peso promedio de su raza cuando termina de desarrollarse. Luego, asegúrate de verificar los límites de peso de la jaula que está comprando. Para evitar comprar una jaula diferente a medida que tu cachorro crece, puedes dividir una parte de la jaula con un separador para hacerla más pequeña cuando sea más pequeño e ir aumentando su tamaño mientras tu cachorro crece.

Su alimentación

Como era de esperar, ¡la alimentación y la caca están estrechamente relacionadas!

Necesitas que tu cachorro tenga un horario regular para ir al baño. Entre más rápido pueda acostumbrarme a este horario, más fácil será todo. Tener un itinerario realmente puede hacer una gran diferencia.

Respetar un itinerario de alimentación, significa tener también un horario de evacuación. Esto facilita muchísimo el entrenamiento.

¿Cómo alimentarlos?

Los perros están hechos para ser carnívoros, pero descienden de omnívoros. Por lo tanto, pueden sobrevivir adecuadamente sin carne (si el balance de proteínas es el adecuado). La proteína de la carne no es la misma que la que se encuentra en los alimentos de origen vegetal. Esta es una de las razones por las que debes tener cuidado con la comida que le das a tu cachorro y a tu perro. Esto no significa que los perros no puedan vivir con una dieta basada en plantas, solo significa que esta deberá complementarse con las proteínas que necesitan y vitamina D.

Equilibrar la nutrición es el aspecto más importante de la alimentación de un canino. Por ejemplo, los humanos necesitamos carbohidratos para obtener energía, pero los perros no necesitan un porcentaje tan alto de carbohidratos.

Los perros y especialmente los cachorros necesitan grasas y ácidos grasos. La mayoría de estos están contenidos en grasas animales, pero algunos aceites de semillas y de plantas pueden proporcionar una fuente de energía por medio de ácidos grasos esenciales conocidos como Omega-3.

Cuando busques comida para perros, mira los nutrientes que la conforman en lugar de las calorías totales. Hoy en día, en promedio, la comida para perros puede contener entre un 30% y un 70% de carbohidratos, pero en la naturaleza, los perros ingieren alrededor del 15%. La dieta de un perro adulto puede contener hasta un 50 % de carbohidratos, hasta un 4,5 % de fibra y solo alrededor del 5,5 % debe provenir de grasas y el 10 % de proteínas. Puedes leer más sobre nutrición en nap.edu

Sin embargo, si deseas verificar cuánta carne hay en la comida para perros, echa un vistazo a la lista de ingredientes. Cuanto más abajo aparece la carne en la lista, menor es el contenido. Los ingredientes más comunes hoy en día son los cereales integrales, las grasas, la soja y el maíz. Si ves subproductos de pollo, no significa necesariamente que sea carne de pollo. Lo más probable es que no lo sea.

Los principales ingredientes que debes buscar (junto con sus derivados) incluyen pollo o pavo deshuesado, caballa del Atlántico y arenque, hígado y corazón de pollo y pavo, otros elementos como huevo y pescado. Todos estos son ricos en proteínas.

Ha habido un debate sobre la comida seca frente a la comida húmeda. La principal diferencia es que los alimentos húmedos contienen más agua (alrededor del 75 %), mientras que los alimentos secos pueden contener solo alrededor del 10 % de agua. La comida seca tiende a tener más calorías y la comida húmeda tiene menos granos de maíz y menos carbohidratos. Los granos de maíz no son necesariamente algo malo, solo depende de la cantidad.

La comida seca dura más y tiende a ser más rentable que la comida húmeda.

Hay muchas opciones en el mercado, por lo cual querrás investigar por ti mismo. En lo personal, alimento a mis cachorros con croquetas secas a base de pescado, sin trigo, pero trato de variar de vez en cuando. Ahora he encontrado una marca que les encanta. Proviene de un productor agrícola local. A veces, mezclo la comida seca con algo de comida húmeda. Esto realmente les encanta, y a mí me gusta bastante esta mezcla por su equilibrio. También es importante probar y agregar algunas cosas nuevas de vez en cuando, para darle a tu perro un pequeño cambio.

¿Cuánto alimento debes darle?

Los cachorros pueden requerir hasta el doble de calorías que requiere un perro adulto. Esto no significa que coman el doble, significa que necesitan más energía. Las razas pequeñas pueden alcanzar su tamaño y peso adulto en un período de nueve a doce meses. Los cachorros de razas medianas, grandes y gigantes pueden comer demasiado en esta etapa, lo que podría provocar problemas en los huesos o en sus articulaciones más adelante. Lo mejor es controlar su alimentación y no dejar comida en su plato para que no la puedan picar entre comidas.

La frecuencia con la cual comen depende de la edad que tengan. La barriga de un cachorro es pequeña cuando nace, pero crecerá con el tiempo. Esto significa que necesita consumir cantidades pequeñas con mayor regularidad. Los cachorros de 8 a 16 semanas deben recibir 4 comidas al día, quizás cada 3 horas. Los cachorros de 3 a 6 meses deben ser alimentados 3 veces al día (cada 4 horas), y luego dos veces al día, por la mañana y en la noche.

El objetivo es tratar de distribuir su itinerario de alimentación, así que tienes que esparcir los tiempos en intervalos iguales a lo largo del día. Pero recuerda no alimentar a tu cachorro justo antes o después de su paseo (o tiempo de juego).

La cantidad que le debes dar de comer a tu cachorro dependerá de su peso y de su edad. La comida para perros que elijas también tendrá diferentes niveles de proteínas. Cuando te decidas por un producto, el envase te dirá cuánto darle de comer a tu cachorro en función de su peso. Si tienes alguna duda, consulta a tu veterinario.

Alimentos peligrosos para tu perro

Alcohol: bajo ninguna circunstancia le des alcohol a tu perro. En el peor de los casos, el alcohol puede causar la muerte.

Cafeína y chocolate: no le des nada con cafeína a tu cachorro. Los productos que pueden incluir cafeína son, obviamente, el café, pero el chocolate también puede contener cafeína y nunca debes darle chocolate amargo a tu canino. Las sustancias tóxicas pueden provocar vómitos, función cardíaca irregular e incluso la muerte. Si tu perro ha comido mucho chocolate, ponte de inmediato en contacto con tu veterinario e inmediatamente intenta animar a tu canino a vomitar.

Cebolla, cebollín y ajo: pueden causar irritación en el intestino y son tóxicos para los caninos.

Nueces (pecanas, almendras y macadamia): tienen el potencial no solo de causar vómitos sino también una posible pancreatitis. Los cacahuetes y las palomitas de maíz son seguros.

Pasas y uvas: evita darle a tu perro pasas o uvas. Su efecto negativo puede causar insuficiencia renal.

Coco (incluido el aceite y el agua de coco): en pequeñas cantidades puede causar malestar estomacal.

Huesos de pavo y pollo: en términos generales, tienes que tener cuidado con los huesos que le das a tu perro para masticar, ya que pueden atorarse en su garganta o en sus intestinos. Inclusive los huesos afilados pueden perforar su tracto digestivo.

Mariscos: algunos perros están bien con los mariscos, pero otros vomitan de inmediato. Esto sucede incluso con pequeños trozos de mariscos, como gambas o cigalas. Esto no significa que los perros no puedan comer pescado, pueden hacerlo, el pescado es bueno para ellos en muchos casos siempre que te asegures de que esté cocido y suficientemente frío.

5

ENTRENAMIENTO BÁSICO 101, LAS HABILIDADES ESENCIALES QUE TU PERRO NECESITA CONOCER

Los perros son criaturas notablemente inteligentes y vivir con ellos puede ser una alegría. Sin embargo, todos los caninos, incluso los más obedientes, necesitan ser entrenados, ya que no nacen sabiendo cómo comportarse en el mundo. ¡Entrenar a tu perro también es una forma importante de comunicarte con tu compañero de cuatro patas! En este capítulo discutiremos los dos tipos principales de entrenamiento: obediencia y entrenamiento conductual.

Es importante comprender que la naturaleza de los perros es muy diferente de la de los humanos, al menos cuando se trata de su entrenamiento. En resumen, los caninos aprenden a través del condicionamiento y la repetición, no a través del razonamiento y el pensamiento. Son más como máquinas que, cuando se les da una orden, responden con una acción y obtienen retroalimentación basada en el placer o el dolor.

Entrenamiento de obediencia

El entrenamiento de obediencia está destinado a ayudar a los caninos a lograr una obediencia completa mediante el uso de órdenes. Este tipo de entrenamiento es más avanzado que el entrenamiento conductual básico, ya que necesitarás que tu perro posea un buen comportamiento antes de que puedas comenzar el entrenamiento de obediencia.

La diferencia entre el entrenamiento conductual y el entrenamiento de obediencia es que puedes usar comandos sin una razón particular para hacerlo. Por ejemplo, durante el entrenamiento conductual, si tu perro tiende a salir corriendo por la puerta cuando está abierta, le darás la orden "siéntate" y "quieto" antes de abrir la puerta para evitar que esto suceda. Sin embargo, en el entrenamiento de obediencia, entrenas a tu perro para que escuche y obedezca tus órdenes sin importar la situación.

Los comandos de entrenamiento de obediencia van desde simples comandos "debe saber" hasta el nivel de competencia, donde los perros se califican y se clasifican según su desempeño y precisión. Muchas veces, el entrenamiento de obediencia también utiliza gestos con las manos y el lenguaje corporal para comunicar una orden a tu perro. Los perros que ves en exposiciones caninas, concursos o películas definitivamente han pasado por un intenso entrenamiento de obediencia. La confianza entre el humano y el perro es la clave principal para el éxito del entrenamiento de obediencia.

Entrenamiento conductual

El entrenamiento conductual, también conocido comúnmente como entrenamiento en casa, es el tipo de entrenamiento más básico y común cuando se trata de caninos. Este tipo de entrenamiento tiene como objetivo ayudar a tu perro a desarrollar una buena conducta en el hogar, evitando así comportamientos indeseables en los perros, que pueden ir desde ladrar a los invitados hasta masticar muebles u objetos domésticos.

El entrenamiento conductual es absolutamente necesario para todos los caninos que viven en tu hogar. Este tipo de entrenamiento se aplica mejor cuando tu perro aún es un cachorro, ya que es cuando es más impresionable. Si tienes varios perros, tener un perro con mal comportamiento es suficiente para causar un efecto dominó con tus otros caninos.

Mentalidad de entrenamiento

Al entrenar a un cachorro, se debe pensar de forma diferente acerca de cómo hacer las cosas. El ingrediente mágico es cultivar mucha paciencia y perseverancia. Al mismo tiempo, tienes que saber leer el comportamiento de tu cachorro para ver qué cuánto está comprendiendo y así decidir cómo puedes dividir un comando en pasos más pequeños y más fáciles de entender.

La mentalidad de entrenamiento consiste en entrenar a tu cachorro siempre que estés cerca de él. Por ejemplo, si tienes reglas que quieres que tu cachorro obedezca, como no saltar sobre los muebles, entonces debes hacer cumplir esa regla de manera constante. Cuando permites que tu cachorro se recueste en el sofá un día y luego lo ahuyentas al día siguiente, tu cachorro se confunde.

Si le pides a tu cachorro que se siente, debes esperar hasta que lo haga. Si simplemente te vas, porque no tienes tiempo y no lo ves cumplir la orden, eso le enseñara a tu cachorro que puede ignorarte.

La segunda clave de una mentalidad de entrenamiento es tener clara tu intención y pedir únicamente cosas razonables. Cuando tu cachorro solo tiene diez semanas de edad, probablemente sea una expectativa poco razonable querer que salte a través de un aro cuando se le ordene. Asegúrate de que lo que pides esté dentro de la capacidad mental de tu cachorro.

Recuerda que el entrenamiento comienza en el momento en que traes a tu canino a casa. El entrenamiento comienza desde la primera vez que entra a su jaula, hasta su primera comida y la primera noche que está inquieto. Asume tu responsabilidad y tu cachorro va a prosperar.

¿Por qué, cómo y cuándo enseñar a tu cachorro?

Independientemente de lo que elijas enseñarle a tu perro, debes asegurarte de que la orden sea lógica, físicamente posible y dentro de la capacidad mental y la edad de tu cachorro. Luego, con constancia, elogios y dedicación, podrás enseñarle a tu cachorro cómo hacerlo.

Los cinco comandos básicos son excelentes para iniciar el entrenamiento. Ya que te ayudarán a estructurar y desarrollar comandos más avanzados a medida que tu cachorro crezca y pueda realizar tareas más difíciles.

Puedes decidir enseñarle a tu cachorro con base en recompensas, que pueden ser alimentos (golosinas o galletas) o con palabras (elogios). Algunas personas también prefieren usar un reloj cronometrado, aunque personalmente prefiero el tacto en lugar de hacer clic. Cualquiera que sea la forma que elijas para recompensar a tu cachorro, debes hacerlo de manera constante.

Hablando claramente, no querrás entrenar a tu cachorro durante 20 minutos dando órdenes y cientos de golosinas. La idea es recompensar a tu cachorro con comida solo cuando sea un logro importante. Da toques suaves y gratificantes o rasguños en la cabeza cada vez que lo esté haciendo bien. Las golosinas deben ser una recompensa, no un intercambio.

Debes comenzar a entrenar a tu canino de inmediato. Un cachorro no es un juguete para abrazar como si fuera un osito de peluche. Comienza por enseñarle a aceptar su jaula, ir al baño afuera y a seguir las reglas de la casa. A la edad de ocho semanas, tu cachorro tendrá suficiente tono muscular y fuerza física para empezar a cumplir órdenes simples como las que se muestran a continuación.

Si bien es fácil dejarse llevar, debes tener en cuenta las siguientes pautas al momento de entrenar a tu cachorro:

· Primero, no presiones a tu cachorro a hacer cosas que aún no puede realizar.

· En segundo lugar, al comienzo solo entrena durante cinco a diez minutos, ya que tu cachorro encontrará que cualquier entrenamiento es bastante difícil en un principio.

· Elogia cada esfuerzo.

· Mantén la calma y sé paciente para poder asegurar que tu cachorro continúe aprendiendo y no se aburra.

Los cinco comandos básicos

Si bien es posible que hayas visto trucos increíbles y ejemplos de obediencia en YouTube, no debes esperar eso de tu cachorro, al menos no todavía. Recuerda, Roma no se construyó en un día. Por lo tanto, es esencial comenzar con los primeros comandos básicos y luego continuar desde allí.

Comando básico #1: Ir cuando lo llamen

Este es el comando más básico que un cachorro puede aprender, y requiere muy poco esfuerzo, consiste en que se acerquen a ti cuando lo llames por su nombre. En esencia le enseñas a tu cachorro a escuchar tu voz, aprender su nombre y acudir cuando lo llamen. Sin este comando, los otros serán muy difíciles de aprender.

Afortunadamente, este es un comando muy fácil de enseñar, solo requiere un poco de repetición. La mayoría de los dueños de cachorros comienzan a enseñarlo desde el primer día moviendo o chasqueando los dedos para atraer la atención de su cachorro, y luego lo recompensan con un rasguño en la cabeza o con una golosina.

· Comience llamando a tu canino por su nombre. Use un tono de voz un poco más alto, ya que esto es acogedor y amigable. Por ejemplo, tu comando puede ser "Ven, (nombre)".

· Cuando te mira pero no se acerca, puedes empezar a mover suavemente los dedos como si estuvieras sosteniendo un premio.

· Si tu cachorro no se acerca, puedes tirar suavemente al suelo una golosina cerca de él. Cuando tu cachorro se acerque a comer, di su nombre. Tan pronto como mire hacia arriba, recompensa ese esfuerzo lanzando otra golosina (un poco más cerca de ti esta vez). Continua hasta que tu cachorro comience a acercarse.

· Tan pronto como tu cachorro se acerque, recompensalo con una golosina, un rasguño en la cabeza, unos minutos de tiempo de juego y luego deja que se aleje.

· Repite este comando varias veces durante el día o cuando tengas unos minutos. Esto tiene el beneficio adicional de convencer a su perro de que cuando lo llames, recibirá atención, golosinas o tiempo para jugar.

Comando básico #2: Sentarse

La hora de comer es el mejor momento para practicar este comando. Pedirle a tu cachorro que se siente antes de darle comida, le otorga una sensación de rutina. Además, al sentarlo, puedes eliminar el comportamiento negativo, como saltar o tirar el plato de comida.

Este comando tiene tres pasos:

· Sostén una golosina, o un tazón de comida, sobre la cabeza de tu canino, moviéndolo hacia atrás en un ángulo de 45 grados hacia la espalda de tu cachorro, diciendo el comando "siéntate".

· Presta atención a las señales de obediencia, ya que tu cachorro intentará conseguir el premio inclinando la cabeza hacia atrás. Luego, como una reacción natural, sus patas traseras se colocarán en la posición esperada.

· En el instante en que los veas sentarse, recompensas a tu cachorro con elogios y dejándole comer su premio. El uso de palabras como "buen niño/niña" y el nombre de tu cachorro los alentará a asociar los elogios con la conducta.

Práctica este comando varias veces al día, pero cuando veas que tu cachorro comienza a perder interés, vas a necesitar estimularlo de diferente manera. Es hora de pasar a otro truco si aún no lo has hecho.

· · ·

Comando Básico #3: Abajo

Este es el siguiente comando y se deriva del comando anterior. Puede intentar esto tan pronto como tu cachorro comprenda cómo sentarse y lo haga razonablemente bien. Es un comando útil para ayudar a tu cachorro a aprender a acostarse cuando necesites que esté quieto.

· Cuando tu cachorro esté sentado, di la orden "Abajo, (nombre)".

· Mientras repites el comando, sostén una golosina con una de tus manos sobre la nariz del cachorro y deja que caiga sobre tus patas delanteras.

· Por instinto tu cachorro va a seguir el movimiento con su nariz, lo que le ayudará a realizar el comando.

En el momento en que se acueste, di elogios como "buen chico" o "buena chica" y recompénsalo con una palmada en la cabeza o una golosina.

· Desde esta posición de acostado, puedes hacer que se "siente" rápidamente sujetando la golosina sobre su nariz y moviéndola hacia atrás, literalmente lo vas a atraer nuevamente a la posición de sentado.

· Este comando se puede perfeccionar hasta que solo necesites señalar hacia el piso y decir "abajo", y tu cachorro sabrá que debe acostarse.

Comando Básico #4: Quieto

Cuando tu perro haya perfeccionado la orden de sentarse, puedes pasar a la orden de quedarse quieto. Esto puede ser un poco difícil de enseñar a un cachorro inquieto y con mucha energía, pero ten paciencia y repite la acción hasta que lo entienda.

Para este comando, es fundamental utilizar un tono de voz bajo, para mantener a tu cachorro tranquilo. Luego, cuando lo recompenses, puedes usar un tono más alto y emocionado, para que tu cachorro se dé cuenta de lo bien que se ha portado.

· Usa el comando "siéntate" y haz que tu cachorro se siente. Luego pídele que se quede "quieto" mientras sostienes la palma de tu mano hacia su nariz como una barrera mientras le pides lentamente a tu cachorro que permanezca sentado.

· Después de cinco segundos de permanecer quieto en la posición de "sentado", premia a tu cachorro con una golosina y con un rasguño en la cabeza, diciéndole lo buen perro que ha sido.

· Ahora pídele que se quede quieto. Alejate un paso de tu cachorro. Si permanece sentado durante cinco segundos, dile palabras de aliento y dale una galleta. Si se levantan cuando apenas y des un paso atrás, simplemente pídele que se "siente" de nuevo. Una vez que esté sentado, da un paso atrás mientras dices "quieto". Asegúrate de estirar el sonido de las palabras, de modo que el comando suene como "sta-ay".

· Repite esto hasta que tu cachorro esté felizmente sentado y tú puedas alejarte un paso hacia atrás. Luego regresa y recompénsalo. Da un paso más hasta que puedas alejarte dos pasos mientras tu cachorro permanece sentado, esperándote. También puedes usar un sonido corto para distraerlo cuando intente levantarse. Dígamos que te percatas de que tu cachorro está a punto de abandonar su posición. En ese caso, puede usar un fuerte "eh" o "no" para indicar tu disgusto por su desobediencia. Esto suele ser suficiente para que tu cachorro vuelva a sentarse.

· Con el tiempo, deberías poder caminar en círculos alrededor de tu cachorro mientras este permanece sentado. Una vez que tu cachorro sea mayor, puedes empezar a hacer progresos y pedirle que se quede "quieto", para luego salir de la habitación. Luego, cuando regreses y tu canino esté en la misma posición, puedes elogiarlo y recompensarlo.

· También puedes combinar los comandos, al usar "quédate" y "ven" para pedirle a tu perro que se acerque. Un lugar divertido para practicar esto es el parque, donde le pides a tu cachorro que se "siente y se quede quieto" y luego te alejas unos pasos. Después le pides que se acerque, dejando que tu cachorro corra hacia ti mientras lo ánimas hasta que te alcance. Asegúrate de no dejar que salte sobre ti. En su lugar, levanta tu mano, pídale que se "siente" y, una vez que se haya sentado, tienes que recompensarlo con una golosina, rascarlo o acariciarlo con mucho afecto.

· El entrenamiento puede ser divertido, así que sigue pensando en nuevas combinaciones de comandos básicos para asegurarte de que tu cachorro siga interesado en realizarlos.

Comando Básico #5: Déjalo o suéltalo

Todos hemos pasado por una situación parecida donde tu perro agarra algo que no quieres y lo mastica y se lo come, como un paquete en una esquina o un periódico que todavía no has leído. Poder ordenarle a tu cachorro que suelte algo será un gran beneficio cuando tu mascota tome algo que pueda dañarlo o resultar tóxico para él.

· Comienza por escoger algo que le pueda interesar a tu perro, algo que se suponga que no debe comer o masticar. Tienes que ofrecérselo para que lo inspeccione. Cuando intente quitarte el objeto, cierra la mano sobre él y di con firmeza "déjalo" o "suéltalo" con un tono de voz agudo.

· Por lo general, trata de usar un objeto lo suficientemente pequeño que quepa en tu mano.

· Cuando tu cachorro suelte el objeto, recompénsalo diciendo "buen perro" y le ofrecele un premio.

· Repita esto varias veces y luego deja caer el objeto al suelo. Tan pronto como tu cachorro intente levantarlo, cúbrelo con tu pie y di"déjalo" o "suéltalo". Si tu cachorro retrocede, recompénsalo con elogios y una golosina.

· Si tu cachorro retrocede cuando dices la orden, antes de que tengas que esconder el objeto con tu pie o mano, puedes recompensarlo con una golosina y un elogio.

· Lleva esto colocando el objeto en el suelo a un paso de ti. Luego, cuando tu cachorro lo alcance, di "déjalo". Si retrocede, llámalo y recompénsalo con una golosina.

Estos comandos básicos pueden ayudarte a hacer grandes progresos en el entrenamiento de tu cachorro. Los hará obedientes y respetuosos, lo que les asegurará una vida larga y feliz. Además, es menos probable que un perro bien entrenado se lastime, ya que vendrá cuando lo llames, esperará cuando cruces la calle y soltara las cosas cuando se le diga.

Progresando a Comandos Avanzados

Cuando tu cachorro respete y ejecute los comandos básicos, es posible que desees profundizar en los comandos más avanzados, lo cual hace que el proceso de entrenamiento sea más divertido. Aquí hay algunos comandos un poco más avanzados que puedes enseñarle a tu perro:

Saludar

Hacer que tu perro te salude puede ser un comando fantástico para ayudarte a sentirte una conexión más profunda. Es sencillo de enseñar, aunque eventualmente puede convertirse en un comando de chocar los cinco o un comando de "sentarse".

Mientras tu canino esté sentado, pídele que espere (que esté quieto), luego levanta con suavidad una de sus patas delanteras para que descanse sobre tu mano mientras dice "pata". Después de un momento, baja su pata y dale una recompensa. Asegúrate de hacer esto con ambas patas delanteras de manera alterna.

Después puedes progresar hasta colocar sus dos patas delanteras sobre tu mano. No te olvides de recompensarlo constantemente, así tu cachorro podrá entender lo que está pasando.

Cuando tu cachorro, después de escuchar el comando "pata" o "patita", pueda colocar cómodamente ambas patas delanteras en tu mano, puedes avanzar un poco más y decir "arriba" mientras levantas suavemente sus patas hacia tu pecho. Esto le ayudará a sentarse en cuclillas y a levantar los pies hacia tu pecho. Una vez que haya logrado realizar este comando, dile elogios efusivos y dale un delicioso obsequio.

Supongamos que tu cachorro tiene dificultades para ponerse en la posición "arriba". En ese caso, puedes usar una golosina y moverla por encima y ligeramente detrás de la cabeza de tu cachorro, de la misma manera en cómo lo hiciste con la orden de "siéntate", mientras sostienes con suavidad sus patas delanteras. Ten cuidado de no dejar que tu cachorro se incline hacia atrás, ya que no quieres que se lastime ni perder su confianza.

Tranquilo

Los perros que ladran no son nada divertidos. Cuando tus vecinos comiencen a quejarse, desearás haber entrenado antes a tu cachorro para que pare de ladrar cuando escuche el comando de "silencio". Lo mejor que puedes hacer es asegurarte de que tu cachorro no se aburra. Un perro aburrido a menudo se convierte en un canino que no para de ladrar.

Distrae a tu cachorro cuando comience a ladrar sin razón. Llámalo, recompénsalo por ir hacia ti y tienes que regañarlo con un rotundo "no" si continúa ladrando. Si comienza a ladrar de nuevo, usa un "no" rotundo o "silencio" y míralo con una expresión severa. Tu cachorro puede escuchar que no estás satisfecho por tu tono de voz, por lo que vendrá rápidamente a buscar tu aprobación. Usa este tiempo para recompensar a tu cachorro por estar callado.

Tu perro pronto se dará cuenta de que recibe atención cuando es bueno y no ladra, y comenzará a juntar las piezas de que no se permite ladrar sin tener una buena razón.

Da la vuelta

Ser capaz de controlar la forma en que tu perro se acuesta puede ser de gran ayuda para enseñarle a ser responsable durante los procedimientos veterinarios. Por ejemplo, si bien le has enseñado a tu cachorro a sentarse, acostarse y ponerse de pie, debes enseñarle a darse la vuelta.

Para los perros, este es un truco difícil ya que son vulnerables cuando se acuestan en el suelo. Además, acostarse boca arriba con sus suaves vientres expuestos es una señal de sumisión, y los perros no lo harán a menos que te respeten como el líder de la manada.

Enseñarle a tu cachorro a rodar sobre su espalda requerirá un poco de paciencia. Es posible que sientas la tentación de simplemente empujar a tu cachorro a la posición cuando parece que no entiende lo que tiene que hacer. Sin embargo, no lo obligues físicamente a hacerlo, ya que esto solo provocará temor.

Cuando tu cachorro esté en la posición de "abajo", puedes alentarlo con suavidad a que se acueste de lado moviendo una golosina hacia el lado izquierdo o derecho mientras dices "cambio". Mantén la golosina fuera de su alcance hasta que tu cachorro deje caer su cuerpo sobre un costado. Luego tienes que recompensarlo y elogiar por ser un buen perro.

Luego, toma otra golosina y muévela hacia el mismo lado que antes, alentando a tu perro con el comando "cambio". Si es necesario, ayúdalo suavemente inclinando a tu cachorro para que se acueste boca arriba.

Una vez que esté boca arriba, dile un elogio y recompénsalo con un rasguño en la barriga. No impidas que tu perro retroceda. Evita alimentarlo mientras esté boca arriba, ya que esto podría provocar asfixia.

Repite estos pasos de manera ocasional, pero no te excedas, ya que puede ser un comando desafiante para tu perro. Una vez que esté feliz de rodar sobre su espalda, puedes dejar que ruede completamente y cambiar el "cambio" a "rodar". Esto puede hacer que su perro ruede cuando se le ordena.

. . .

Dirigr su atención

Ser capaz de dirigir la atención de tu canino hacia un objeto puede ser muy útil. Probablemente ya lo estés haciendo cuando señalas su jaula por la noche. Se pueden utilizar otros comandos como "arriba", "abajo", "adentro" y "afuera".

Al señalar puedes alentar a tu cachorro a saltar a un asiento o a tu automóvil. Por supuesto, probablemente ya les estés diciendo que se "baje" de tu sofá, por lo que has estado usando este comando de forma bastante espontánea.

Ahora, puedes comenzar a usarlo de manera intencional, viendo qué tan bien escucha tu cachorro. Un parque infantil es un excelente lugar para practicar. Puedes señalar el columpio y decir "arriba" mientras animas a tu cachorro a saltar. De igual manera, puedes enseñarle a gatear a través de tuberías de juego o a saltar sobre neumáticos. Este también es un excelente ejercicio para ti, ya que puedes comenzar a enseñar a tu cachorro mientras trotas y lo guías por diferentes partes del parque.

Siempre verifica que tu cachorro esté seguro y no le pidas que se suba a nada que pueda lastimarlo. El descuido de un momento puede conducir a una pierna rota. Por lo tanto, tienes que estar atento y consciente de a dónde le estás pidiendo a tu cachorro que salte, se siente o se pare.

Cuando tu canino te siga felizmente y juegue con su correa, puedes comenzar a experimentar con la libertad, dejando caer la correa o quitándosela. Asegúrate de que tu cachorro no se emocione demasiado hasta el punto que salga corriendo del parque.

Buscalo y tráelo

Uno de los juegos más clásicos que jugamos con los perros es el de buscar. La parte de ir a buscar un objeto nunca es complicada, ya que a la mayoría de los perros les encanta perseguir cosas. Sin embargo, la parte de "tráelo" puede ser un desafío. Para enseñar este comando, tu cachorro debe conocer el comando "ven".

Lanza un objeto que tu cachorro pueda recoger y anímalo mientras corre tras él. Espera hasta que tu cachorro lo agarre con la boca y luego pídele que vaya hacia ti. Usa una voz suave y alegre.

Con un poco de suerte, tu cachorro traerá el objeto al primer intento. Si no lo hace, puedes volver a llamarlo. Si tu cachorro aún no responde, puedes acercarte y recoger el objeto nuevamente. Sostén el objeto bajo tu mano para que tu cachorro pueda morderlo mientras caminas. Regrese a la posición original, ordena a tu cachorro "suéltalo" para que él pueda soltar el objeto.

Ahora, deja que tu cachorro lo huela, luego tíralo para que tu cachorro pueda buscarlo. Llámalo de nuevo, con un tono de voz feliz como si esperaras que viniera. Este proceso puede requerir una repetición constante, pero apégate al plan. Cuando tu cachorro lo entienda, estará encantado de buscar el objeto y jugar contigo.

Problemas comunes de comportamiento

Dependiendo de su estado mental y físico, existen varios problemas asociados con los caninos. En esta sección, presentaré algunos de los problemas más frecuentes que experimentan los caninos y sus dueños, así como las mejores formas de lidiar con ellos.

Ladrido

Gemir, aullar o ladrar de manera excesiva puede ser una manera de buscar una atención, de demostrar que está aburrido o incluso puede ser una adver-tencia sobre algo. No te preocupes, todos los perros hacen ruido hasta cierto punto. Para hacer frente a esto puedes intentar ordenar "silencio" cada vez que ocurra, pero en realidad lo más efectivo es tratar de averiguar por qué sucede esto:

• La falta de ejercicio genera energía reprimida, lo cual puede ser el problema. Saca a tu perro a jugar por más tiempo para ver si esto soluciona las cosas.

• La soledad también puede ocasionar un comportamiento de búsqueda de atención. Trata de no dejar a tu perro solo por largos períodos de tiempo.

• Lo mejor es ignorar esta conducta, no acariciar, mimar o gritar, ya que esto sigue siendo prestar atención a una conducta negativa.

• Los castigos, como usar collares eléctricos, son molestos y solo asustan a nuestra mascota. Es mucho más efectivo recompensar el buen comportamiento

• Si la conducta no se detiene, consulta a un veterinario o un entrenador profesional para obtener ayuda.

Masticar

Masticar es una reacción natural de los caninos, está en su cableado biológico. Sin embargo, se puede transformar en un problema severo cuando intentan destruir la casa. Tal vez sea curiosidad, o tal vez sea resultado de la dentición. También puede ser ansiedad o aburrimiento lo que esté causando el problema.

Puede ayudar a detener una conducta inapropiada al darle a tu canino muchos objetos para masticar. Hay todo tipo de juguetes en el mercado diseñados para que muerdan y mastiquen. Cada vez que atrapes a tu canino mordiendo algo más, reemplázalo con un juguete para masticar. También existen aerosoles de mal sabor que puedes comprar para provocar que ciertos objetos tengan un sabor repulsivo para los caninos.

Al principio va a requerir mucha observación, especialmente si es un cachorro joven. No puedes dejar solo a un canino al que le encanta masticar cosas durante largos períodos de tiempo. Al dedicar algo de tiempo a tu mascota, también crearás un vínculo mucho más fuerte, lo que, por supuesto, ayuda con cualquier entrenamiento. Cuanto más cerca estés de tu mascota, mejor va a resultar todo.

Excavar

A los perros les encanta cavar. Pareciera que no pueden detenerse. De nuevo, esto es algo primitivo, de caza e instintivo. ¡No entienden que están destruyendo tu precioso jardín en el que has trabajado duro! Puede deberse a falta de ejercicio o aburrimiento, así que intenta comprobar primero que ese no sea el problema. Si destruye tu jardín en un momento específico del día, es ahí cuando necesitas jugar y salir más. También puede ser una manera de buscar comodidad.

Los perros a veces excavan para anidar o para refrescarse si tienen demasiado calor. usan el barro para calmarse.

Una manera para combatir este problema es brindarle a tu canino un lugar específico donde está bien que excave. Al sacrificar un pequeño lugar en el jardín, puedes salvar todo el espacio. Cada vez que tu perro excave en otro lugar, llevalo con calma a la parte donde está bien que lo haga. Guíalo con una correa y encuentra un comando como "aquí" para ayudarlo.

Suplicar

En realidad, este es un comportamiento que los dueños de caninos a menudo fomentan sin darse cuenta. Suplicar es cuando nuestra mascota nos pide que le demos nuestra comida y pensamos "solo por esta vez", o permitimos que se siente en la mesa o debajo de ella para recoger las sobras.

Aquí hay algunos consejos que pueden ayudar con este problema:

• Evita prestar atención a tu canino cuando estés comiendo. Mándalo a su cama o fuera de la habitación si continúan mendigando.

• Dile a todos en el hogar que no le den de comer, que solo debe comer del plato.

• Si tu perro no se comporta adecuadamente durante las comidas, es necesario atarlo o colocarlo en su jaula.

• Utiliza los comandos "siéntate", "párate" y "suelta".

No le envíes a tu canino mensajes confusos de los cuales después te vas a arrepentir, cuanto antes comiences a asegurar que la regla sobre no mendigar o suplicar comida esté clara, menos tiempo te costará deshacer este hábito en tu mascota.

Perseguir

Es natural que tu perro persiga cosas, es su instinto primitivo y depredador. Lamentablemente, si tu perro tiene la costumbre de perseguir todo lo que se mueve, esto puede derivar en situaciones peligrosas. Perseguir autos, personas u otros animales, todo esto puede conducir hacia una carretera. Si bien no puedes evitar que tu perro persiga cosas, puedes tomar medidas para evitar que ocurran accidentes:

• Cuando camines, mantén a tu perro con correa en todo momento.

• Dedica algún tiempo a entrenar a tu perro para que venga cuando lo llames.

• Ten un silbato para perros que te ayude con el entrenamiento.

• Tienes que estar siempre atento. Si hay algo específico que haga enojar a tu perro, ten en cuenta ese detalle y trata, por todos los medios, de evitar dicho escenario.

Saltar

A los perros les gusta saltar para saludar a las personas cuando llegan a la puerta porque necesitan atención y, en algunos casos, es para ejercer dominio. Incluso si a tí no te importa, no todos tus invitados sentirán lo mismo, por lo que esta conducta es algo que debes prevenir.

Lo mejor que puedes hacer es ignorar a tu perro en cuanto entres. Puede que no sea fácil, pero prestarle atención es recompensar ese comportamiento. Eventualmente, tu perro va a entender el mensaje.

Aquí hay una gran técnica que puedes probar:

• Pídele a alguien que sujete a tu perro con una correa a unos doce pies de distancia de ti y logra que tu mascota permanezca en posición sentada.

• Una vez que tu perro esté sentado, acércate lentamente.

• Cuando tu perro vaya hacia ti, detente en seco y retrocede.

• La persona que sujeta la correa debe pedirle a tu perro que se siente de nuevo.

• Continúa con el proceso hasta que tu canino comprenda lo que está sucediendo.

• No olvides recompensarlo con una gasolina.

Este puede ser el primer paso para lograr que tu perro se sienta cuando las personas están cerca.

. . .

Morder

Los perros muerden por una razón; es parte de su mentalidad de manada. Los cachorros muerden como una forma de explorar su entorno y para aprender cuál es su lugar. Debes enseñarle que está conducta es inaceptable, de lo contrario, te puede traer muchos problemas. Por ejemplo, si tu perro muerde a otra persona u otro animal, puedes afrontar problemas legales. Siempre es responsabilidad del dueño lograr que su canino no muerda.

Un canino puede morder por miedo o como una actitud defensiva para proteger a personas o propiedades materiales, incluso una mordida puede ser consecuencia de experimentar dolor. Si la conducta es inesperada, lo mejor es llevarlos al veterinario.

Aquí hay algunos consejos para ayudar a tu mascota a poder ser amable:

• Cada vez que tu perro muerda un objeto que no está permitido, debes ofrecerle su juguete para masticar, así le vas a mostrar que hay cosas que sí puede morder.

• Si tu perro se irrita cuando lo acaricias, distraelo con comida.

• Fomenta juegos sin contacto físico, como el tira y afloja. Siempre ten un juguete contigo para que tu cachorro pueda morderlo.

• Usa los comandos que tu cachorro ya ha aprendido para propiciar un mejor comportamiento.

• Si tu perro te muerde los tobillos, detente cada vez que lo haga y espera. Cuando deje de hacerlo, dale una golosina.

• Incluso puedes dejar escapar un aullido agudo cada vez que tu perro te muerde. Esto hará que tu mascota se detenga.

Con el tema de las mordidas, es posible que necesites la ayuda de un profesional, especialmente si su comportamiento se ha vuelto problemático y sientes que no puedes controlarlo por ti mismo. Un profesional puede ayudarte con distintas técnicas para erradicar el problema.

Agresión

El comportamiento agresivo puede manifestarse de muchas maneras. Desde gruñir, mostrar los dientes, embestir y, por supuesto, morder. Todos estos son signos de que tu perro tiene tendencias antisociales. Dicha conducta puede deberse al pasado de tu mascota, especialmente si se trata de un canino que ha sido rescatado, también puede ser un signo de problemas de salud. Si piensas que el caso de tu mascota no es por salud, sino que solo un problema de conducta,entonces, puedes trabajar con él para solucionarlo.

Aquí hay algunas técnicas con las cuales puedes trabajar:

• Cuando tu perro se vuelva agresivo con otros animales o personas, o se presente una situación que provoque dicho comportamiento, usa órdenes como "mira" o "mírame".

• Cada vez que tu perro te obedezca, no olvides recompensarlo con golosinas.

• Muestrate feliz cada vez que pasas frente a otras mascotas, tu perro podría percibir tus nervios o tu miedo, lo cual podría generar agresividad de su parte.

• No lo castigues, esto solo conduce a un comportamiento más agresivo.

• Asegúrate de no perder el equilibrio cuando tu perro tire de la correa. Necesitas ejercer tu propio dominio.

• También puedes probar nuevos caminos para evitar a otros perros y personas tanto como sea posible, al menos hasta que tu perro se comporte mejor.

Tu mejor protección ante un perro agresivo es la correa. Así que utilízala todo lo que necesites, ya que te ayudará a mantenerte alejado de las personas que pueden verse amenazadas por tu mascota. Y, por supuesto, si nada parece funcionar, solicita la ayuda de un entrenador de perros para que te ayude. Dado que la agresión puede conducir potencialmente a muchos otros problemas, resolver ese problema es algo que debes priorizar.

6

LA SALUD DEL CACHORRO, CUIDADOS BÁSICOS PARA UNA VIDA FELIZ

Al igual que sucede con los niños pequeños, la salud y el bienestar, desde el aseo hasta el cuidado dental, el ejercicio y la dieta, de nuestros caninos dependen por completo de nosotros. Además, vas a crear un vínculo más profundo con tu mascota si siempre la proteges y la cuidas.

Ayuda a tu perro a mantener un peso saludable, tienes que cerciorarte de que realice suficiente ejercicio, además de que debes castrarlo o esterilizarlo. Haz todo lo posible para mantenerlo libre de parásitos y lleva a tu cachorro al veterinario para que lo vacunen con regularidad, así podrás identificar cualquier problema a tiempo.

Un veterinario es el socio de salud más importante para tu canino. Por favor consulta a tu veterinario para determinar cuáles son las mejores medidas de cuidado y de salud para tu mascota. Este capítulo te brindará las herramientas necesarias para cuidar, asear y ejercitar a tu peludo amigo.

Encuentra un veterinario

Antes de llevar a tu canino a casa es importante conocer a un veterinario La razón principal es que no quieres tomar una decisión precipitada en caso de que tu mascota necesite atención médica urgente.

También debes hacer que un veterinario examine a tu cachorro dentro de las primeras 48 horas después de llegar a casa, haz esto incluso si un veterinario examinó a tu mascota en el lugar donde la conociste. A menudo los caninos que provienen de refugios o tiendas de mascotas, sufren de enfermedades menores, debido a que su sistema inmunológico todavía no ha terminado de desarrollarse, por lo cual las probabilidades de contraer una enfermedad aumentan.

Si, por ejemplo, tu cachorro tiene tos, debe recibir los antibióticos necesarios antes de que se convierta en neumonía. De igual manera, un veterinario puede tratar una infección ocular antes de que empeore. Además, un profesional puede decirte si tu mascota tiene algún problema de salud potencialmente mortal que podría requerir más tiempo y dinero del que puedes permitirte. Cuando los problemas se descubren a tiempo, puedes incluso tomar la difícil decisión de no convertirte en el dueño de esa mascota.

Puedes pedir recomendaciones sobre veterinarios a amigos o familiares que ya sean dueños de un canino. También hay sitios en línea como www.yelp.com o www.angieslist.com. De igual forma, es muy probable que las clínicas y los hospitales acreditados por la Asociación Estadounidense de Hospitales de Animales brinden una atención excelente, aunque muchas clínicas que no están acreditadas por dicha institución pueden ser una buena opción. Una vez que tengas varias opciones sobre la mesa, revisa las oficinas de los veterinarios para determinar cuál es la adecuada para tu mascota.

Esto es lo que debes buscar:

• Las instalaciones deben estar limpias y los recepcionistas, asistentes y otros empleados deben ser amables y serviciales.

• ¿Cómo tratan a los clientes por teléfono? ¿Se trata bien a los animales?

• Averigua cuántos veterinarios trabajan allí. Si se trata de una clínica de gran tamaño, pregunta si tu mascota verá al mismo médico cada vez que asista a consulta. A veces es buena idea que varios veterinarios revisen a tu canino, porque cada uno tiene un área de especialización diferente. Si se trata de un consultorio pequeño, pregunta quién va a cubrir al veterinario cuando se encuentre de vacaciones o esté fuera de la oficina.

• Pregunta sobre su horario de atención y sobre su manejo de emergencias. ¿Tendrás que ir a otra clínica si, por ejemplo, tu perro necesita atención médica a las 3 de la mañana? ¿De tener que pasar la noche en la veterinaria, quién vigilará a tu mascota? ¿El veterinario devuelve las llamadas telefónicas personalmente y, de ser así, en cuánto tiempo lo hace? ¿Qué tipo de servicios ofrece el veterinario? ¿De ser necesario, va a derivar a tu mascota a un especialista?

• Revisa las credenciales académicas del veterinario. Un profesional debe contar con un título de médico veterinario expedido por una escuela acreditada por la Asociación Médica Veterinaria Estadounidense.

También debe tener experiencia en el campo, especialmente con la raza de tu canino.

• Considera la ubicación de la clínica. ¿Qué tan lejos tendrías que viajar para realizar los chequeos regulares? ¿Qué pasa con las emergencias, alcanzarías a llegar?

• Infórmate sobre las formas de pago que aceptan en el consultorio veterinario. Ten en cuenta que la mayoría de los hospitales para animales no aceptan seguros médicos (es decir, no emiten facturas a la compañía de seguros a tu nombre, como sí lo hacen la mayoría de los hospitales para humanos). Sin embargo, sí suelen ayudarte a completar las formas necesarias para reclamar el reembolso a la compañía de seguros.

• Antes de la llegada de tu canino a casa, programa una cita con el veterinario que has elegido. ¿El profesional parece estar bien informado? ¿Se comunica claramente? ¿Él o ella se toma el tiempo para responder a tus preguntas? ¿Su trato te parece adecuado? ¿Estás de acuerdo con su filosofía acerca de la crianza canina?

• Si tú (o tu canino) no hacen clic con el veterinario por cualquier motivo en algún momento, siempre puedes buscar otro profesional.

· · ·

La mejor dieta

Tu perro, al igual que un ser humano, necesita una dieta sana y equilibrada. Por lo cual, obten alimentos de la mejor calidad posible, alimentos que puedas permitirte pagar, así te vas asegurar que se mantenga en buena forma y obtenga todos los nutrientes que necesita.

Puedes elegir entre comida seca o húmeda, cada una tiene sus propias ventajas. Si bien la comida seca es excelente para los dientes de un canino, la comida húmeda suele acumular placa dental. Sin embargo, los perros tienden a preferir la comida húmeda. Por lo tanto, una buena opción es proporcionar una mezcla de alimentos secos y húmedos y cepillar los dientes de tu perro con regularidad.

Algunos dueños optan por una dieta de alimentos crudos, lo que puede ser bueno para tu perro. Sin embargo, si decides hacerlo, asegúrate de investigar y consultar antes a tu veterinario.

La frecuencia (y la cantidad) con la que alimentas a tu perro depende de su tamaño y de cuánto ejercicio haga. Sigue las pautas del fabricante que se encuentran en los paquetes de comida para poder tener una idea de la cantidad que necesita tu canino.

¿Cómo cuidar de tu cachorro?

El cuidado de un canino requiere de un aseo regular; la cantidad de veces que necesita ser cepillado varía de acuerdo a su pelaje, edad y del lugar donde vive. Aquí hay algunas pautas básicas:

Uñas

Las uñas de tu canino deben mantenerse cortas en todo momento. Además de arañarte a ti y a tus muebles, sus uñas también se enganchan en las alfombras o dificultan la capacidad de caminar de tu mascota. Puede ser complicado cortarlas correctamente, un corte demasiado profundo puede causar dolor y sangrado.

De manera alternativa puedes pedirle a tu peluquero o veterinario que te muestre cómo se hace correctamente. Una vez que conozcas la técnica adecuada, enséñale a tu canino a asociar el corte de uñas como algo positivo. Por ejemplo, puedes mostrarle a tu cachorro el cortauñas y dejar que lo huela, luego colocar el cortauñas alrededor de la uña y dejar que se acostumbre a la sensación.

¡Tómalo con calma! Después de cada pequeño paso, premia a tu canino cuando se comporte con calma y te permita poco a poco cortarle las uñas. ¡Un canino no va a tardar mucho en acostumbrarse a tener las uñas recortadas!

Dientes

Todo el mundo sabe lo importante que es cepillarse los dientes. ¿Qué hace que los perros sean diferentes? Tu canino debe cepillarse los dientes todos los días. Además de mantener el aliento fresco, también previene la enfermedad periodontal (enfermedad de las encías), que es común entre los caninos y está asociada con problemas de salud más graves, como problemas cardíacos, hepáticos y renales. Las tiendas de artículos para mascotas venden cepillos de dientes para perros.

Nunca debes usar pasta de dientes humana porque contiene detergentes de alta espuma que tu canino podría tragar o inhalar, ¡no saben cómo escupirlo! Hasta que encuentres un sabor que le guste a tu mascota, prueba una variedad de pasta de dientes. Asegúrate de que tu canino tenga muchas golosinas dentales y juguetes blandos para masticar, así como comida de calidad. Algunos productos comercializados como "dietas dentales" contienen ingredientes que reducen la placa dental.

Dependiendo de sus necesidades dentales y de la salud de tu cachorro, tu veterinario puede recomendarte mejor comida y golosinas para tu mascota. De acuerdo con el American Veterinary Dental College, pregúntale a tu veterinario sobre las medidas preventivas de placa y sarro para prevenir la enfermedad periodontal. Asimismo, acude a un profesional si detectas algún síntoma de enfermedad dental como dientes flojos o descoloridos, mal aliento, babeo, incapacidad para sostener la comida o pérdida de apetito.

Un veterinario debe examinar la boca de tu canino durante su examen de rutina, o en cualquier visita al veterinario.

Ojos

Para mejorar la comunicación con tu perro,, es esencial mirarlo a los ojos con regularidad. Puede usar una bola de algodón húmeda para eliminar cualquier acumulación en las esquinas cuando lo hagas. Es vital mantener su pelaje fuera de sus ojos para no irritarlos. Siempre que notes una infección ocular como enrojecimiento, mirada turbia, secreción excesiva, formación de costras, ojos entrecerrados o el tercer párpado expuesto, comunícate con tu veterinario de inmediato.

En el caso de que tu canino presente lágrimas con manchas de aspecto oxidado en la esquina de sus ojos, las cuales pueden ser especialmente notorias en caninos con pelaje blanco, consulta a tu veterinario para determinar la posible causa, como alergias o problemas con sus conductos lagrimales. Habla con tu veterinario acerca de cuáles productos puedes rociar en la comida de tu mascota para eliminar esas manchas.

Orejas

Se necesitan bolas de algodón y productos de limpieza (consulta a tu veterinario para obtener recomendaciones específicas) para limpiar de manera regular las orejas de tu canino. Con una bola de algodón nueva, frota el exterior de la oreja y luego avanza lentamente hacia adentro, deteniéndose cada vez que sientas que tu canino opone resistencia. Si las bolas de algodón se ensucian mucho, podría ser un signo de una infección de oído, así que consulta a tu veterinario de inmediato. Las infecciones también pueden causar hinchazón, enrojecimiento, formación de costras y olor en el oído. Del mismo modo, si tu canino se rasca mucho su oreja, la frota contra el piso o parece perder el equilibrio, programa una cita para asegurarte de que todo esté bien. Una infección parasitaria puede causar picazón e inflamación en la oreja del cachorro, lo que implica que tiene ácaros en el oído.

Pelaje

En algunas ocasiones es necesario cepillar todos los días el pelaje de tu canino para evitar que se enrede y se caiga de manera excesiva, mientras que otros solo necesitan cepillarse cada pocas semanas o incluso con menos frecuencia. Tu veterinario o peluquero profesional puede aconsejarte sobre el tipo correcto de peines y cepillos que debes utilizar. Aquellos caninos con cabello largo pueden necesitar un cepillo de goma y un cepillo para polvo, mientras que aquellos con un pelaje corto y suave puede necesitar un cepillo de goma y un cepillo de cerdas. No a todos los perros les encanta que los cepillen. Por lo tanto, ve a un ritmo lento si tu mascota no se entusiasma con los cepillos.

Para comenzar, deja que tu canino huela el cepillo, luego tocarlo y acariciarlo con suavidad con el cepillo Asegúrate de recompensar a tu mascota en cada paso. Mientras cepillas el pelaje de tu canino, busca pulgas, suciedad de pulgas (pequeñas motas negras que dejan los excrementos de pulgas), garrapatas, lesiones o áreas irritadas en su piel que puedan necesitar atención médica. ¡Siempre cepíllalo con suavidad!

Hora del baño

Según algunos expertos, los caninos deben bañarse de manera semanal; otros sugieren bañarlos con menos frecuencia, una vez al mes. Depende del estilo de vida de tu mascota. Si duerme en la cama contigo, probablemente quieras asegurarte de que tu canino esté limpio. ¡Algunas personas incluso se duchan con sus mascotas! Puedes bañar a tu canino en una bañera normal o en una pequeña bañera de plástico portátil.

Debes evitar que el agua y el champú entren en contacto con los oídos, los ojos o la nariz de tu canino; no le eches agua en la cabeza. Para garantizar la seguridad de tu mascota, es posible que desees colocar bolas de algodón en sus oídos. Además, utiliza siempre champús suaves diseñados específicamente para perros; consulte a tu veterinario o peluquero para determinar cuál es el mejor.

En caso de que tu canino reciba un baño una vez a la semana, verifica que su piel no se reseque ni presente comezón; si esto sucede, reduce la frecuencia del baño o usa un champú humectante que te va ayudar a mantener la suavidad en la piel de tu cachorro.

Ejercicios físicos

Mantenerse en forma y saludable requiere ejercicio regular. Eso también es cierto para los caninos. Ellos requieren de actividad física para mantenerse saludables. A menudo, nos olvidamos de ejercitar a nuestras mascotas porque nuestra vida es muy ocupada.

¿Cuánto ejercicio necesitan los perros?

Como regla general, los caninos deben hacer ejercicio de una a dos horas por día para mantenerse saludables. Dependiendo de su edad, raza y estado físico, es posible que necesite más o menos. Los Shih Tzus van a preferir descansar en el sofá, mientras que los Border Collies, Rhodesian Ridgebacks o los

Bluetick Coonhounds pueden estar activos durante cuatro horas todos los días y aún querer más. Encontrar cuáles son los requisitos de ejercicio de tu perro canino requerir algo de prueba y error, ya que no hay dos perros iguales. Debes darle a tu mascota tanto ejercicio como quiera, pero tómalo con calma.

Si estás comenzando un nuevo programa de ejercicios, asegúrate de comenzar lentamente y deja que tu canino desarrolle resistencia y tolerancia al ejercicio. Tienes que estar atento a signos de agotamiento; los cuales pueden incluir jadeo intenso, cojera, sibilancias, desorientación y disminución de la velocidad o directamente acostarse durante las actividades. No dejes que tu cachorro salga en los días calurosos a menos que tenga acceso a agua limpia y fresca. Tu canino puede sentirse cansado, adolorido o no mostrar interés en el ejercicio. Si detectas algún signo de enfermedad mientras tu mascota hace ejercicio, llama a tu veterinario.

¿Cuál es el mejor ejercicio para mi mascota?

Tu mascota puede preferir un ejercicio sobre otro. Pasealo en un parque para caninos o juega a buscar una pelota. ¿Has pensado en participar en deportes caninos con tu amigo peludo? Las competencias de agilidad, captura y pastoreo son excelentes actividades para comenzar.

Inicia con algo divertido y presenta a tu canino diferentes tipos de ejercicio. Además de mantener a tu perro saludable, es una forma maravillosa de generar un vínculo.

Da un paseo

La forma clásica de ejercicio es dar un paseo con nuestra mascota. Lo cual es estupendo, porque ¡a la mayoría de los perros les encanta caminar!

Una caminata es una manera maravillosa para que tu perro explore el mundo con su nariz además de hacer algo de ejercicio. Tomate tu tiempo. Tu canino puede explorar todo lo que quiera durante el paseo. De vez en cuando, toma una ruta diferente, para que él pueda ver y olor algo nuevo.

Correr

Algunos perros disfrutan correr. No todos los caninos pueden tolerar este tipo de ejercicio, ¡pero para algunos es una necesidad!

Usar una correa de manos libres puede hacer que correr con tu perro sea más fácil. Por cuestiones legales y de seguridad correr sin correa es imprudente. Sin embargo, se podría considerar hacerlo si tu mascota tiene un comportamiento confiable y si las leyes locales lo permiten.

Comienza con lentitud; luego aumenta tu velocidad y distancia cuando corres con tu mascota. El asfalto caliente puede quemarle las patas, así que evita correr con altas temperaturas. Observa a tu canino para controlar su tolerancia al ejercicio y para asegurarte de que está tomando los descansos necesarios. No olvides proporcionarle agua de manera regular.

Ciclismo

Algunos perros no están hechos para correr junto a una bicicleta. Esto puede representar un riesgo para ti como para tu mascota. Sin embargo, puede ser divertido, si se hace de la manera correcta. Lo mejor es empezar lentamente hasta que el canino se acostumbre a la bicicleta. Continúa corriendo junto a él y sigue su ritmo a medida que tu mascota se acostumbra. Al principio conduce despacio y evita girar. Lleva a tu canino con la correa puesta y sujetala a la bicicleta, considera comprar un accesorio adecuado para tal propósito.

Senderismo

Hacer senderismo puede ser la actividad perfecta para alguien que ama la naturaleza y a los caninos. El senderismo le dará a tu mascota una experiencia más profunda acerca del mundo que una simple caminata. Comienza con trayectorias cortas en días frescos, hasta que tu canino se acostumbre a un paso seguro. Evita los senderos difíciles.

Asegúrate de llevar mucha agua. Incluso es posible que tu perro lleve su propia mochila; solo asegúrate de que no sea demasiado pesada.

Nadar

Contrario a la creencia popular, no todos los perros son capaces de nadar. A algunos no les gusta. Sin embargo, puedes combinar la natación con un juego de traer y buscar para hacerlo aún más divertido. Solo asegúrate de seguir ciertas pautas de seguridad.

Si a tu cachorro le gusta el agua, pero no sabe nadar, puedes enseñarle a hacerlo. Comienza en aguas poco profundas y usa un chaleco salvavidas para perros hasta que se acostumbre. Si al cachorro le gusta el agua, es probable que se sienta cómodo con rapidez. En caso de que no lengusta, no empujes a tu canino al agua, quizás a tu mascota le encante la tierra,

Jugar

Puedes jugar muchas cosas divertidas con tu perro, algunas de las cuales también le van a proporcionar algo de ejercicio. Buscar un objeto, jugar al escondite y tirar de la correa puede proporcionar un ejercicio moderado. De hecho, jugar es también una manera de entrenar a un canino y una excelente forma de estimular su mente.

Deportes caninos

Hoy en día, existen muchos deportes realmente emocionantes, y siempre aparecen nuevos. Practicar un deporte es un gran entrenamiento que brinda agilidad. Antes de comenzar, investiga cuáles deportes son los adecuados para tu mascota. Después de eso, busca clases que te enseñen cómo practicar un deporte junto a tu amigo peludo.

La seguridad primero

Antes de comenzar cualquier programa de ejercicios junto a tu mascota, consulta a tu veterinario. Deja que tu perro marque el ritmo cuando hagas ejercicio con él. Permite que tome agua y descanse con regularidad. Los caninos con hocicos cortos, como Bulldogs o Pugs, deben evitar hacer ejercicio en temperaturas altas.

Independientemente del tipo de canino que tengas, tienes que estar atento a signos de agotamiento, enfermedad o lesión. No hagas ejercicio si tu mascota parece cansada o enferma. Cuando realices una actividad física, presta atención a tu entorno. Puede ser peligroso que tu canino se distraiga si hay otros perros o personas cerca de él, especialmente si no tiene correa.

7

PSICOLOGÍA PERRUNA, CÓMO FUNCIONA LA MENTE DE TU MASCOTA

¿Cómo aprende un perro? ¿Qué pasa por sus mentes cuando los humanos les están dando órdenes? Muchos dueños de perros parecen tener una relación tan cercana con sus mascotas que pueden entenderse fácilmente. ¿Cómo funciona el cerebro de un canino y qué puedes hacer para aprovechar y ganar influencia en este frente para mejorar el entrenamiento con tu cachorro? La psicología canina es el estudio de cómo piensan y se comportan los perros.

Los caninos son una especie diferente a los humanos y, como tal, su comportamiento nos puede parecer, a primera vista, arbitrario. Sin embargo, su conducta se puede entender a base de tiempo y estudio.

La mayoría de los personas piensan que los caninos se comportan como quieren y como pueden, esto solo es fruto de la desinformación. A lo largo del tiempo los perros han desarrollado patrones de conducta necesarios para que su especie sobreviva. Al principio su comportamiento puede parecer extraño o errático, pero siempre hay una razón, por pequeña que sea, que lo puede explicar. Algunos humanos desprecian ciertos comportamientos perrunos, por considerarlos como malos hábitos cuando en realidad, a largo plazo, pueden resultar beneficos.

¿Qué se considera un comportamiento normal?

Los perros son depredadores y, aunque la caza para obtener comida no suele ser necesaria para las mascotas domésticas, su cerebro todavía está programado para esta actividad. Un comportamiento depredador consiste en oler-ver-acechar-perseguir-matar.

Otros comportamientos normales son ladrar, masticar, cavar, buscar comida y defender a los miembros de su grupo social y a su territorio. Estos instintos, en mayor o menor grado, están integrados en los perros y deben expresarse. Por lo tanto, es importante permitir que nuestras mascota exploren su naturaleza de manera positiva.

A partir de generaciones de cría selectiva, los humanos hemos diseñado genéticamente diferentes razas para realizar tareas de trabajo específicas. Según el tipo de actividad requerida, hemos retenido, fortalecido o diluido diferentes aspectos de estos comportamientos instintivos y en algunos casos hemos manipulado la intensidad de la sensibilidad canina.

Por ejemplo, los perros que han sido criados para el pastoreo tienen un mayor impulso de acechar y de perseguir, pero su instinto homicida apenas y está presente. Queremos que pastoreen y "persigan" sin causar daño ni lesiones al ganado. Algunas razas de pastoreo también se criaron para proteger al ganado, como el Komodor y los Grandes Pirineos, por lo que estas razas mostrarán una fuerte tendencia a la protección.

Los perros de caza y los terriers fueron criados para ayudar en la caza de otros depredadores y alimañas, por lo que han conservado su comportamiento depredador, incluido un fuerte impulso por someter a la presa. Los terriers de patas cortas fueron criados para desenterrar presas, por lo que tienden a ser excavadores prolíficos. Los lebreles, como los galgos, se crían para capturar presas rápidas y ágiles, por lo que tienen una visión aguda y detección de movimiento, mientras que los sabuesos y los beagles, se han criado con una mayor capacidad de olfato y resistencia para rastrear largas distancias.

Si tu mascota pertenece a una raza de trabajo, es una buena idea entender cómo actúa, para poder canalizar su "talento" en algo constructivo. Esto es cierto para todos los perros, no solo para las razas de trabajo. Los instintos más fuertes de un canino con frecuencia se reflejan en las actividades que más les gustan.

Si no permitimos que nuestra mascota explore sus instintos naturales de manera positiva, es probable que los exprese de maneras poco aceptables para nosotros.

Inteligencia

El personal de Battersea Dogs Home estaba perplejo hace algunos años cuando cada mañana descubrían que muchas de las puertas de la perrera estaban abiertas de par en par, varios perros estaban sueltos, la comida yacía esparcida por el piso y, en genereal, el lugar estaba desordenado.

No podían averiguar qué estaba pasando y no había evidencia de un allanamiento. Como una posible explicación de estos extraños sucesos, comenzaron a proliferar rumores acerca de actividad fantasmal y poltergeists. Sin embargo, era extraño que cada mañana anduviera suelto siempre el mismo grupo de perros.

Después de que este suceso se repetiria por semanas, el equipo decidio instalar cámaras de CCTV.

Resultó ser que "Red", un Lurcher, que había descubierto cómo desenroscar el cerrojo en el exterior de la puerta de su perrera con su nariz, lengua y dientes.

Luego abrio otras puertas de la perrera y dejo salir a todos sus amigos después de servirse la mejor comida de la cocina. El resto de la noche consistía en jugar y en disfrutar de un buffet libre en la cocina.

Dado que el cerrojo estaba en el exterior de la puerta de la perrera, Red había exhibido habilidades excepcionales para resolver problemas. Mostró también un fuerte intelecto al realizar todas estas actividades, después de que los humanos abandonaran las instalaciones, asegurándose de tomar la mejor comida antes de dejar salir a los otros perros con los que disfrutaba socializar.

Las escapadas nocturnas de Red fueron interrumpidas por el personal que instaló un pesado candado en la puerta de su perrera. Red intentó y no pudo encontrar una solución a la situación, hasta que, poco despues, encontró su hogar definitivo.

Los perros son criaturas inteligentes, que se adaptan a su ambiente y cuentan con habilidades excepcionales para resolver problemas.

Entrenarlos es sencillo debido a su capacidad de aprendizaje, pero esto también puede jugar en nuestra contra. Nuestras mascotas pueden ocupar su actividad cerebral en actividades poco agradables (para los humanos), si no canalizamos su inteligencia de manera constructiva. Por eso los perros que están aburridos se meten en todo tipo de problemas.

¿Cómo aprenden los perros?

En términos simples, este es el principio básico de aprendizaje perruno: si reciben una recompensa por un comportamiento, es probable que lo repitan. Por ejemplo, si tu perro se sienta y lo recompensas, es más probable que vuelva a hacerlo. Cuanto más frecuentemente se repite y se recompensa un comportamiento, este se vuelve más fuerte.

Si muestra un comportamiento que no es recompensado, es menos probable que ocurra.

Por ejemplo, si tu perro salta y lo ignoras por completo, aprenderá que saltar es una acción poco gratificante y el comportamiento se debilitará y será menos probable que ocurra.

¿En qué consiste una recompensa?

Al igual que los humanos, cada perro encontrará gratificantes diferentes tipos de experiencias. Para poder enseñarle de una manera positiva a tu canino, debes establecer qué conducta valoras y porque estás dispuesto a trabajar. El comportamiento deseable debe recompensarse. Generalmente, las recompensas más efectivas son los reforzadores primarios.

Reforzadores primarios

Un reforzador primario es algo que satisface una necesidad biológica.

La comida es uno de los reforzadores más fuertes del comportamiento; la mayoría de los caninos reaccionan ante comida y golosinas. Se podría decir que las recompensas basadas en un comportamiento instintivo satisfacen una necesidad biológica. Para los caninos con un fuerte instinto de persecución, un juego de recuperación sería un buen refuerzo, mientras que los caninos con un fuerte instinto de presa valorarían un juego de tira y afloja o un juguete chirriante como recompensa.

Recompensas basadas en comportamientos sociales

Los perros son animales sociales; necesitan compañía y disfrutan de la atención y el contacto físico.

Prestar atención en el momento equivocado puede contribuir a desarrollar un comportamiento indeseable. Sobre todo si ha habido una falta de entrenamiento de refuerzo positivo o si este ha sido insuficiente. A menudo, los propietarios de mascotas tienen problemas en controlar el comportamiento de sus caninos, porque han intentado detenerlo tratando de enseñarle al perro que está haciendo las cosas mal.

Si tu canino presenta un comportamiento problemático, el cual has tratado de corregir y no mejora, o de hecho empeora, es porque tu mascota obtiene una respuesta gratificante al hacerlo. Por ejemplo:

Tu perro salta y tu respondes de la siguiente manera:

Mirar/establecer contacto visual = recompensa

Hablar = recompensa

Gritar = recompensa que aumenta la emoción

Empujar a tu mascota = juego gratificante que aumenta la emoción

De hecho, cualquier respuesta de tu parte a dicho comportamiento puede ser un estímulo para tu canino. Desafortunadamente, sin darnos cuenta, estamos reforzando su comportamiento indeseable.

Los perros aprenden que la mejor manera de llamar la atención de los humanos es comportandose de una manera que provoque una respuesta. Lo más adecuado es mostrarles lo que está bien, no intentar enseñarles lo que está mal.

Comportamiento autogratificante

Algunas conductas, tanto naturales como aprendidas, pueden resultar gratificantes para ciertos caninos. Este tipo de comportamientos, si no se controlan o no se dirigen, pueden volverse más fuertes.

Los ejemplos de comportamientos naturales de auto recompensa podrían incluir:

Persecución: Un perro persigue a un gato, a un pájaro, a una persona en bicicleta, el objeto de la persecución "huye". Tanto el acto de perseguir como el resultado que se obtiene es gratificante.

Ladrar: El cartero llega a la puerta, el perro ladra, el cartero se va. Ladrar es gratificante y la retirada del cartero refuerza dicho comportamiento.

Ejemplos de conducta autogratificante aprendida:

Bin Raiding: El can accede a la basura y encuentra algo bueno para comer. El comportamiento ha sido reforzado con una recompensa y se vuelve digno de repetirse.

Counter Surfing: Si el canino ha logrado robar comida que quedó en el mostrador de la cocina, la acción se ha reforzado y vale la pena repetirla.

¿Cómo percibimos a nuestros perros y cómo ellos nos perciben a nosotros?

Cuando se trata de perros, la mayoría de los dueños miran el mundo a través de lentes color de rosa. Es perfectamente normal que los humanos piensen en los perros como humanos peludos. Y aquí es donde radica el problema. Verás, no puedes luchar contra la madre naturaleza.

Tu mascota, por mucho que la trates como a un ser humano, seguirá siendo un perro. Eso significa que tiene instintos que simplemente no se pueden borrar. Podría suceder más adelante, por ejemplo, algunas razas son modificadas para volverse más dóciles o trabajadoras. Estos son rasgos que se pueden transmitir y mejorar a lo largo de varias generaciones. No puedes esperar que tu perro cambie de la noche a la mañana.

Ahora, no importa de qué raza sea, para él, los perros son solo perros. Los humanos, por otro lado, son perros de dos patas de aspecto divertido a los que les gusta hablar mucho y emiten un lenguaje corporal confuso. Para los canes otros animales son básicamente perros que se ven y huelen diferente.

Los humanos y los perros usan diferentes sentidos para "verse" unos a otros. Los humanos dependen más de la vista y el tacto para "ver" a un perro. Un perro, por otro lado, nos "ve" principalmente usando su nariz. Su vista es un medio secundario para diferenciar a las personas.

Un terreno común para que las personas y los perros utilicen un lenguaje universal es a través de la energía que muestran y del lenguaje corporal que usan. Esta forma de comunicación no verbal es muy fácil de entender y no se requiere mucho tiempo de aprendizaje.

¿Cómo se comunican los perros con otros perros?

Los perros se comunican entre sí a través de una compleja mezcla de sonidos y lenguaje corporal y, por supuesto, a través de los olores. Entonces, un canino tiene una gran variedad de mensajes para procesar mentalmente.

Si alguna vez has visto a dos perros acercarse, verás que a menudo se turnan para indicarse que está bien acercarse. Una vez que se da la señal inicial, tentativamente darán unos pasos hacia adelante y luego se olfatearán el trasero. Así es como los perros se conocen mejor. Sus glándulas anales pueden emitir muchos mensajes, como su estado de salud actual y si es sexualmente activo o no.

La nariz de un perro es muy sensible. Si observas una radiografía de su cráneo, verás que sus cavidades nasales dominan la mayor parte de su cráneo.

Estas cavidades pueden recibir y "leer" de manera eficiente los mensajes tan claramente como si estuvieran leyendo un libro.

Después de olerse los unos a los otros, los perros establecen un orden jerárquico. Los caninos son animales de manada, y en una manada se asignan puestos. La situación puede ser un poco tensa, el perro percibido como el "más débil" puede tratar de impugnar su lugar dentro de la manada.

El perro más dominante va a levantar su cabeza más alto que el perro más sumiso. Dependiendo de su energía, el perro más débil puede luchar por la supremacía del equipo o reconocer la supremacía de su compañero.

En un grupo más grande, el recién llegado generalmente es olfateado por todos los miembros de la manada en turnos.

Nota: Antes de reunir a dos caninos que no se conocen, lo mejor es hacer un paseo antes por separado para eliminar el exceso de energía. Después de eso, reunelos teniendo entre ambos una cerca de por medio. Si todo marcha bien, puedes reunirlos en el mismo espacio. Debes estar atento en todo momento y tienes que estar preparado para separar a los caninos si las cosas no salen bien.

. . .

¿Cómo se comunican los perros con los humanos?

Algunos caninos tienen la capacidad de entrenar a los humanos. Parece divertido, pero es cierto.

De hecho, los perros nos entrenan de la misma manera en como nosotros los entrenamos: repitiendo una orden y dando una recompensa como un refuerzo positivo. Trata de tomar nota de todo lo qué sucede la próxima vez que tu mascota te ladre por comida o para poder salir a hacer sus necesidades. Tu mascota sabe que la vas a alimentar, la vas a pasear o la dejarás salir. Te da un comando vocal para indicar lo que quiere.

Los caninos no solo se comunican a través de ladridos, usan todo su cuerpo para decirnos lo que necesitan.

Si tienes un cachorro, este es el mejor momento para probar esta teoría. Vigila a tu cachorro justo después de alimentarlo. Solo debería tomar unos minutos antes de que tu mascota comience a olfatear y dar vueltas en el lugar. Esta es una clara señal de que quiere ir al baño y también es el momento adecuado para llevarlo a su lugar designado.

Después de un par de intentos, tu cachorro entenderá que si realiza esa acción (olfatear y dar vueltas en círculos) se le va a permitir salir y hacer sus necesidades. A medida que tu cachorro crezca, agregara ladridos y lloriqueos antes de olfatear y dar vueltas en un lugar para indicar que quiere ir al baño.

Como tu cachorro ya conoce que entiendes que significa su comportamiento, se podría decir que te ha entrenado para que lo lleves al jardín a hacer sus necesidades. Bastante inteligente, ¿verdad?

En realidad los perros pueden expresarse a través de una amplia variedad de formas, pero es tu responsabilidad el saber entender lo que están tratando de decir y actuar de acuerdo a ello.

Conoce lo que tu perro está tratando de decirte a través de sus acciones

Los perros tienen una amplia gama de emociones, desde estar felices hasta estar emocionados o tristes. También puede estar tratando de avisarte cuando se sienten enfermos o abandonados. Sus acciones, su postura corporal y su comportamiento lo van a delatar. Todo lo que tienes que hacer es estar atento.

En el mundo canino las acciones hablan más que las palabras. Si has observado a perros de ganado o pastores de ovejas, verás que sus dueños no necesitan darles órdenes vocales, en su lugar, utilizan gestos. Dichos gestos son entendidos y obedecidos por sus mascotas.

Algunos de nosotros estamos acostumbrados a dar órdenes como "Siéntate", "Quédate quieto", entre otras, pero en realidad no hay necesidad de dar esas órdenes para conseguir que nuestra mascota las efectúe.

Si has visto el programa Dog Whisperer, notarás que tan solo emite un silbido y un gesto para decirles a los perros cómo actuar. Entonces, si sus métodos funcionan, sería una buena idea intentar hacer lo mismo ¿verdad?

Para lograrlo, tendrás que ser muy observador. ¡Este ejercicio también es muy útil para aprender a leer a otros seres humanos a través de sus acciones!

Si recién estás entrenando a tu cachorro, habrás tenido un gran comienzo. Básicamente un cachorro es una pizarra en blanco y tú puedes convertirte en el "líder" de su pequeña manada.

Tienes que tener en cuenta el hecho de que tu cachorro tiene instintos básicos, lo que puede ayudarte a comprender mejor su conducta,

Cola

Los perros son más conocidos por expresarse a través de la forma en que mueven la cola. Así que este será nuestro primer indicador de lo que nuestro perro está tratando de decirnos.

• Un perro confiado mantendrá su cola en alto, mientras que un perro ansioso o temeroso la mantendrá abajo. La mayoría de los caninos que tienen miedo meten la cola entre las piernas. Un perro relajado tendrá la cola en posición horizontal y la levantará o la bajará según sus emociones.

• Un perro asertivo mantendrá la cola en alto y la moverá rígidamente de un lado a otro.

• Un perro sumiso a menudo mantendrá su cola más baja que la cola del perro asertivo y la moverá lentamente para mostrar que no representa una amenaza para el líder de la manada.

• Un perro que sostiene la cola hacia abajo y la mueve lentamente mientras realiza grandes barridos muestra que está feliz de verte. Te da la bienvenida para que te puedas acercar y tocarlo.

Este tipo de comunicación puede resultar un desafío para los perros que tienen la cola amputada. Los caninos de trabajo también están entrenados para no mover la cola, así disminuyen las posibilidades de que sus colas atraigan una atención no deseada. Por ello, intenta mirar la base de sus colas y verifica cómo sostienen sus pequeñas colas rechonchas e imagínate, si fuera más larga, en qué posición estaría.

De igual manera, puedes prestar atención a otras señales físicas, como el movimiento de sus orejas, para descubrir qué es lo que tu perro te está comunicando.

Orejas

El movimiento de las orejas es uno de los indicadores más obvios del estado de ánimo de un perro. Las orejas vienen en muchas formas y tamaños: algunas son largas, otras tienen picos y otras están caídas. Entender los mensajes es más sencillo cuando las orejas están erguidas, y suele complicarse con las orejas caídas, sin embargo, todavía es posible porque los movimientos son básicamente los mismos.

• Cuando tu perro esté relajado, sus orejas estarán en una posición neutra. Esto quiere decir que las orejas están en una ligera posición horizontal.

• Un perro en alerta va a levantar las orejas lo más alto que pueda y con ellas va a señalar el objeto de su interés.

• Un perro agresivo tendrá las orejas completamente levantadas y apuntando hacia adelante.

• Un perro sumiso, por otro lado, tendrá las orejas pegadas a la cabeza o echadas hacia atrás para indicar su estado de energía. Sin embargo, ten cuidado, porque esto también podría indicar miedo. Si tu perro hace esto cuando llegas a casa, es porque está siendo sumiso. No obstante, sí es un perro que no conoces lo hace, es posible que tenga miedo y, si no tienes cuidado, podría atacarte.

• Esto es algo que todos conocen: ¡Un perro muy feliz tendrá las orejas dobladas hacia atrás acompañadas de un movimiento vigoroso de la cola!

Movimiento corporal

Entender que nos está tratando de decir un canino a través de sus movimientos puede ser, al mismo tiempo, algo divertido y desafiante. Cuanto más practiques esta habilidad, ¡mejor vas a entender su lenguaje corporal!

• Un perro que está relajado se va a parar en cuatro patas con la cabeza ligeramente horizontal. Su cola se mantendrá baja y se moverá ligeramente de lado a lado. Si está acostado, tendrá las patas metidas debajo o extendidas de manera relajada.

• Un perro alerta, por el contrario, tendrá la cabeza ligeramente levantada y sus orejas van a estar erguidas apuntando hacia lo que le genera interés o lo está perturbando. Dependiendo del nivel de alerta, puede tener las piernas extendidas hacia atrás, listo para entrar en acción si es necesario.

• Si tu perro canino está en pose dominante, mantendrá la cabeza más alta que los otros perros cercanos y también levantará la cola y la moverá con rigidez.

• Cuando tu perro se acuesta en el suelo y te muestra la barriga, significa que te ve como el miembro dominante de la "manada". Esta es una señal especialmente buena si lo estás entrenando.

• Los perros juguetones realizan una "reverencia de juego" que significa que quieren jugar. Esta pose se logra bajando toda la mitad delantera del cuerpo y levantando la parte trasera en el aire. Su cola estará levantada en alto, pero de manera relajada y se va a menear vigorosamente de un lado a otro.

Los perros que están emocionados también pueden hacer la reverencia de juego y luego tratar de alcanzar su objeto de interés para jugar con él.

• Si tu perro se siente ansioso, bajará la cabeza y mantendrá la cola muy baja. Su espalda estará ligeramente encorvada. Vas a tener la sensación de que está tratando de hacerse más pequeño de lo que realmente es.

• Si tu perro está asustado, se va a encoger aún más de lo que lo hace cuando sufre de ansiedad. Su cola va a meterse debajo del cuerpo. La reacción de tu mascota va a depender del nivel de miedo que esté experimentando. También podría optar por luchar o huir de la situación actual.

Otras señales físicas que los perros usan a menudo:

Dar vueltas alrededor de un lugar y oler el suelo generalmente indica que es hora de salir al baño.

Cuando tu cachorro apoya una pata o se sienta sobre ti, es porque te está marcando y diciéndole así a otros perros que tienes su olor y que se mantengan alejados, porque eres "de él/ella". Los perros a menudo hacen esto porque quieren estar seguros de que son una parte esencial de tu vida. Debes disuadir este tipo de comportamiento porque los perros a menudo se montan entre sí para mostrar dominio. Si tu canino quiere hacer lo mismo contigo, dicha conducta podría acarrear muchos problemas en un futuro.

Cuando tu cachorro te mira directamente a los ojos, podría ser una señal de desafío o de amor. Entonces, ¿cómo distinguir de cuál se trata? Un acto de desafío suele ir acompañado de ojos bien abiertos, mientras que mostrar afecto suele ir acompañado de una mirada de "sueño". Los científicos a menudo relacionan esta mirada con la oxitocina liberada en el cuerpo del perro, lo que hace que se sienta más relajado cuando te mira con amor en los ojos.

Si tu perro se apoya en ti, es posible que te esté pidiendo seguridad o tratando de mostrarte su dominio. Si mantiene un ligero contacto contigo, entonces, solo quiere asegurarse de que estés allí y lo respaldas. Si se apoya mucho en ti e incluso intenta montarte, ¡entonces definitivamente está tratando de dominarte!

Hay tantas señales físicas que los perros usan para comunicarse con los humanos que enumerarlas todas requeriría un libro más grande. Entonces, aquí hay algo que puedes hacer para comprender mejor a tu perro: obsérvalo. Basa tu observación a partir de lo que has leído en este capítulo y luego trata de detectar cualquier movimiento, por más pequeño que pueda ser, después trata de evaluar qué es lo que te está diciendo tu amigo de cuatro patas. ¡Te va a sorprender lo complejo que puede llegar a ser el lenguaje canino!

¿Qué puedes hacer para comunicarte mejor con tu perro? Bueno, la respuesta fácil es pensar y actuar como un perro. Tienes que hacer todo lo posible para adaptarte a tu compañero canino, excepto ponerte en cuatro patas y olfatear traseros.

Desarrollar una personalidad "calma-asertiva"

Si eres un amante de los perros y has investigado para estar en mejor sintonía con tu bebé, probablemente hayas escuchado el término personalidad "tranquila y asertiva".

Una personalidad tranquila y asertiva es una persona que puede comprender la incertidumbre y tolerar bien la ambigüedad. Confía en sus habilidades para adaptarse y resolver problemas. Estas personalidades a menudo tienen más éxito en las interacciones sociales con los animales, ya que pueden usar sus habilidades para identificar y comprender lo que su mascota quiere.

Aquellos con una personalidad tranquila y asertiva será amigable y accesible, son excelentes candidatos para entrenar animales.

Así es como puedes acelerar el proceso:

• Párate frente a un espejo y párate lo más derecho que puedas. Miralo directamente a los ojos y asegúrate de mantener la cabeza erguida.

• Despeja tu mente de todo el estrés que experimentaste a lo largo del día y concéntrate en relajarte. No debería haber nada en tu mente en este momento excepto la idea de relajarte.

• Afloja los hombros, gíralos lentamente y luego afloja los brazos. Tus brazos y hombros deben sentirse muy flojos después de hacer este ejercicio. Es posible que debas repetir este ejercicio varias veces hasta que sus extremidades estén completamente relajadas.

• Sacude las piernas y gira los dedos de los pies para relajar las piernas y luego vuelve a ponerte de pie con la espalda recta. Puedes saltar un poco si necesitas relajar las piernas y los muslos.

• Gira a tu lado y verifica tu postura. Debes tener una postura relajada, pero recta. Regresa a tu posición original.

• Cierra los ojos y empieza a respirar profundamente. Haz esto diez veces.

• Al final de este ejercicio, habla contigo mismo y di: "Hoy soy la mejor persona que necesito ser para mi mascota y para mí".

Al repetir este proceso todos los días, deberías poder convencerte de que eres la mejor persona para entrenar a tu perro y, al mismo tiempo, ser la persona más relajada en la habitación.

Para llevar este ejercicio más lejos, sal a tu patio delantero y comienza a caminar con una postura erguida y relajada.

Después de esto, puedes sacar a tu perro y pasearlo. Sé paciente con él. Si tu mascota tira de la correa, no tires de vuelta. Solo detente y continúa caminando una vez que tu mascota se haya calmado. Tarde o temprano, tu perro se dará cuenta de tu personalidad tranquila y asertiva, y hará lo mismo. Esto resultará en caminatas más placenteras para ti y para tu perro.

Ajusta tu nivel de energía

Tu energía es una forma de comunicación. Ahora es el momento de usar esa energía tal como usarías tu voz para dar una orden. Hay muchas formas de enfocar tu energía para tener el control en todo momento. Este es el tipo de energía con el que los perros se relacionan mejor.

Antes de convivir con tu mascota, asegúrate de haberte liberado de toda la tensión interna que podrías estar sintiendo. Deja de lado tus problemas. En relación con tu canino no hay espacio para esa energía negativa.

Aprende a meditar. La meditación ayuda mucho a equilibrar la energía.

Si no sabes cómo hacerlo, simplemente busca un área cómoda para sentarte y cerrar los ojos. Mantén la espalda recta y la cabeza erguida, y luego comienza a respirar profundamente. Inhala profundamente por la nariz, aguanta la respiración durante uno o dos segundos y luego exhala por la boca. Hacer esto durante un par de minutos debería ayudarte a reducir tu nivel de energía negativa. Es también una manera perfecta de calmarte si alguna vez te encuentras en una situación en la que existe mucha tensión de por medio.

Nota: hay algunos casos en los que tu perro puede ayudarte a superar el estrés, pero no te acostumbres a descargar tu carga emocional sobre él. De lo contrario, tarde o temprano, tu mascota comenzará a sentirse tan triste y deprimida como tú. Esto es algo de lo que ambos no podrán recuperarse.

Presta atención a lo que te dice tu perro

Una de las mejores cosas de los perros es que son transparentes.

La próxima vez que pase el rato con tu mascota, tómate el tiempo para observar su comportamiento. Incluso si solo está acostado, te está diciendo muchas cosas. La mayor parte de la comunicación se presenta en forma de actividad física y reacción al entorno, así como a su nivel de energía.

De la misma forma en que tú lo haces, tu canino también te está observando. Si estás alerta, cambiará su actitud y estará alerta tanto como lo estés tú. Si estás relajado, tu perro también se relajará. De hecho, tu perro es un espejo que va a reflejar la energía que emana de ti.

¡Presta atención y tendrás una maravillosa conversación con tu perro! Un mayor nivel de comprensión y comunicación les brindará mucha felicidad en los años venideros.

Respeta la naturaleza de tu mascota

Puedes sacar a un perro de su hábitat natural, pero nunca puedes borrar sus instintos naturales. Entonces, para que tu canino se sienta realizado tendrás que respetar su naturaleza.

Si estás entrenando a tu perro, asegúrate de entrenarle de acuerdo a cómo responde naturalmente ante ciertos estímulos. No se puede luchar contra la madre naturaleza. Si lo haces, vas a iniciar una batalla. Tu perro puede obedecer las órdenes solo porque tiene miedo, no porque quiera hacerlo voluntariamente, por lo cual ambos van a terminar estresados.

Asegúrate de utilizar la psicología canina para comprender mejor a tu mascota y descubrir todo su potencial oculto. Tómate el tiempo para observar a tu camino y aprovechar sus fortalezas. Esto puede verse afectado por su raza, la forma de su cuerpo o simplemente por sus instintos naturales.

Si tu perro naturalmente rastrea cosas, aprovecha ese instinto y asegúrate de realizar muchos ejercicios de entrenamiento enfocados en encontrar cosas ocultas. Si es ágil por naturaleza, entrénalo para incrementar dicha cualidad. Al hacer esto, estarás multiplicando tus posibilidades de éxito porque tu canino hará cosas que disfruta hacer, además de que será recompensado por su desempeño.

8

CACHORRO SOCIABLE Y FELIZ, CÓMO COMPORTARSE CON OTROS ANIMALES Y PERSONAS

Es posible que hayas escuchado que socializar es muy importante para tu cachorro. Lo cual es excelente, pero necesitas saber qué significa exactamente socializar, qué no es la socialización, cuándo se lleva a cabo, dónde se hace y cómo se hace. Si te equivocas, ¡no tendrás una segunda oportunidad! Por lo tanto, es esencial saber lo que haces desde un principio.

¿Es realmente necesario?

Lo más importante que debes hacer con tu nueva mascota es socializar. Tienes el resto de tu vida para enseñarle a sentarse y acostarse y a hacer todo lo demás, pero el cerebro de un perro está construido de tal manera que, en este momento, debes concentrarte en socializar.

Primero: ¿Qué significa socializar?

El cerebro de un cachorro está construido para que todo lo que experimente entre las edades de 3 y 16 semanas sea absorbido, procesado y aprobado. Cualquier cosa que el cachorro encuentre después de las 16 semanas puede resultar preocupante, alarmante o aterrador.

Si acabas de tener a tu cachorro y ya cumplió las 16 semanas, te perdiste parte del viaje. ¡Pero no entres en pánico! Consulta la sección de "Cachorros mayores" que viene a continuación.

Si bien es preferible exponer todas las cosas que queramos a nuestro cachorro dentro de un margen de tiempo, aún después de las 16 semanas, a medida que crece, debemos seguir exponiendo al perro a las mismas cosas una y otra vez. Piénsalo, incluso si te llevaran a todas partes cuando eras un bebé, pero luego te quedaras en casa hasta los 12 años, ¡tendrías muchas ansiedades sobre el mundo exterior y sobre otras personas! Un simple paseo a las tiendas podría ser una pesadilla.

Por lo tanto, debes pasear a tu mascota con regularidad para que continúe teniendo buenas experiencias con cosas nuevas.

Cuantas más experiencias nuevas tenga tu mascota, mucho mejor. ¡Todas deben ser divertidas! Si tu cachorro es feliz y curioso, entonces fue una buena experiencia. Si está ansioso o se asusta, entonces, retíralo un poco del lugar y déjalo mirar desde lejos. La distancia correcta es fundamental para un buen encuentro.

Recuerda que, para tu cachorro, todo es nuevo: ¡solo llevan unas semanas viviendo en este planeta! Lo que tú das por sentado, para ellos es extraño. Si su cachorro tiene miedo o se aleja, ten paciencia, va a avanzar cuando esté listo. No es terquedad, es miedo.

Por ningún motivo debes esperar hasta completar tu calendario de vacunación para sacar a pasear a tu cachorro. De hacerlo así, perderás tiempo crítico. No hay necesidad de que lo expongas a infecciones: ¡puedes cargarlo o, si es enorme y demasiado pesado para ti, ponerlo en una silla de paseo! Los paseos en automóvil son fantásticos. Tu cachorro puede conocer a otros perros ya vacunados y visitar a tus amigos y familiares. Trátelo como si fuera un bebé recién nacido, ¡solo sé sensato!

Aquí hay algunas actividades que debes asegurarte de incluir todos los días o casi todos los días:

· Dale a tu cachorro nuevas y buenas experiencias de forma controlada: personas, adolescentes, niños, niños en patineta, gente con sombrero, gente gritando, otros perros, perros grandes y ruidosos, gatos, vacas, ovejas, caballos, tractores, motos, coches, globos aerostáticos, escuelas, ferias,, bicicletas, trenes, sirenas de patrullas, sillas tambaleantes, hierba, grava, suelos resbaladizos, estanques, ruedas de cochecito chirriantes. . . la lista es interminable.

· Deje que él/ella descubra que el mundo es un buen lugar. Si se detiene y no quiere avanzar, quédate quieto y espera.

· Permítele explorar con seguridad.

· Tu mascota necesita ver perros, personas y niños de todas las formas, colores, edades y tamaños.

· Juega con él un juego igualitario: él te persigue, tú lo persigues; tú estás sobre él, él está sobre ti. Si tu cachorro toma todas las decisiones, detén la interacción de inmediato y busca un compañero de juegos más adecuado.

El hecho de que tu cachorro esté acompañado de otros cachorros no significa necesariamente que se esté beneficiando de la experiencia. El juego entre cachorros está lleno de peligros; necesitas un tutor bien calificado y con mucha experiencia para poder manejar correctamente la situación.

Lo que no es la socialización (Exploración de mitos)

Para empezar tenemos que deshacernos de algunos conceptos erróneos. "Socializar" es un término que describe el proceso de socialización, habituación y familiarización por el que pasa un cachorro desde las 3 semanas hasta alrededor de las 14-16 semanas de edad.

La socialización no se trata solo de conocer a otros perros. Incluye conocer todo un nuevo mundo.

Aquí algunos ejemplos de lo que no quieres hacer. A lo mejor son cosas que la gente te recomienda que hagas, incluso te lo dirán aquellos que piensas que saben sobre el tema.

· No empujes a tu cachorro hacia perros extraños con la esperanza de que todo vaya bien.

· No asistas a una fiesta de cachorros que no esté bien planeada y supervisada.

· Nunca dejes que persona tras persona levante o sostenga a tu cachorro (¡imagina lo aterrador que podría ser esto para tu mascota!).

· No te arriesgues a sufrir una mala experiencia por no conocer la reacción de otros perros ante tu cachorro (así como no a todas las personas les gustan los niños, no a todos los perros les gustan los cachorros). Solo di no gracias y sigue adelante. El bienestar de tu cachorro es tu principal preocupación. Este no es momento para aparentar ser una persona despreocupada y hacer lo que otras personas te dicten.

· No permitas que tu cachorro sea abrumado por admiradores y niños emocionados.

· Nunca permitas que tu perro salte sobre perros extraños esperando un buen resultado.

Juego de cachorros

Cuando la gente piensa en cachorros socializando imagina cachorros jugando juntos. Esto es solo una parte del proceso. Es mucho más importante que tu cachorro pueda aprender a estar en presencia de otros perros sin tener que saltar sobre ellos.

¡Conseguir que tu cachorro se concentre en presencia de otros cachorros es mucho más valioso que un juego descontrolado!

El juego de los cachorros siempre debe ser supervisado. Un grupo de cachorros siempre debe tener un organizador, que esté capacitado para comprender el lenguaje corporal canino y, en especial, en entender el comportamiento de los cachorros. Un grupo de cachorros en un espacio pequeño no es una buena idea, ya que necesitan mucho espacio. Nunca tengas miedo de rescatar a tu cachorro de una sesión de juego si ves que se siente abrumado.

Los perros pequeños tienen que acostumbrarse a los perros grandes, y los perros grandes tienen que aprender a saludar a los más pequeños.

¿Qué pasa con los cachorros que ya son mayores?

Un perro mayor no puede ser "socializado". Este proceso solo ocurre en el cerebro del perro durante las primeras 15-16 semanas de su vida. Por eso es fundamental lograr que tu cachorro socialice a la edad de 8 semanas. El proceso es ligeramente diferente si tu cachorro tiene más de 16 semanas.

Lo mejor que puedes hacer por él es sacarlo de la casa y hacer que conozca nuevas experiencias. Si no se lo está pasando bien, como cuando otro perro se le acerca, date la vuelta y retírate a una distancia segura mientras le das golosinas. Aunque la distancia exacta varía, es de al menos 46 metros. Tu objetivo es cambiar la respuesta emocional de tu perro. Cuando los perros son adultos, a menudo se vuelven "agresivos", ladrando a todos los perros que ven porque no han recibido un proceso de socialización adecuado.

¿Mi cachorro será un buen compañero de juegos para mi perro adulto?

Si no tomas precauciones, esto podría suceder o podría no hacerlo. Al final, depende de ti si a tu perro mayor le va a gustar o no el nuevo integrante del equipo. La presentación de un nuevo cachorro a una manada de perros no es algo seguro.

Para mantener un hogar pacífico debes proteger a tu perro mayor de la interacción constante de los cachorros. El juego libre debe limitarse a no más de veinte minutos por día, divididos en intervalos de cinco minutos bajo la supervisión de un adulto. El cachorro no puede molestar a nadie en la casa, incluidos los niños y otros miembros de la familia. Tanto tu mascota como tú se beneficiarán de esta experiencia a largo plazo.

En caso de tenerlas, protege a tus mascotas ancianas, a los niños pequeños y a las personas con necesidades especiales de la interacción constante de los cachorros. Es difícil decir cuánto tiempo de juego es suficiente. El cachorro es quien decide. Cuando él diga que es hora de terminar, lo es.

La jaula del cachorro será útil si vives con más de un perro. Los perros mayores no deben molestarse y el nuevo cachorro no debe tener experiencias negativas. Así que vigila de cerca sus interacciones en todo momento.

Necesitas pasar mucho tiempo a solas con tu nuevo cachorro; los paseos en solitario son imprescindibles. Nunca salgas a caminar con tu nueva mascota si tu perro mayor está ansioso o tiene miedo.

Dejar que tu perro adulto y tu cachorro jueguen todo el día sin ninguna intervención de tu parte, es un gran error. ¡Si haces esto, estarás dificultando su entrenamiento!

. . .

Una palabra sobre los niños

Si bien le tienes que enseñar a tus hijos a cómo acercarse a los perros, debes tener cuidado con otros niños, ya que pueden pensar que tu cachorro es un juguete, en lugar de un ser vivo que siente, que tiene sus propios gustos, aversiones y opiniones.

Si los niños quieren conocer a tu cachorro, tienen que hacerlo de uno en uno, de frente, y sin gritar ni agitar los brazos. No pueden golpear al cachorro en la cabeza o en la espalda (¿por qué la gente hace esto?) porque eso le dará al cachorro una mala asociación con los niños. ¡Nunca dejes que tu cachorro se vea abrumado por una manada de niños que gritan!

Si lo entrenas con cuidado durante las primeras semanas, tu perro se convertirá en un amado compañero para tus hijos, les vas a brindar la infancia que deseas, con juegos y aventuras al aire libre. De igual manera, tus hijos van a aprender a ser considerados con los demás y sabrán cómo aprender y cómo enseñar a tratar a su mascota.

Tal vez tus recuerdos felices de la infancia acerca de las mascotas son lo que te llevó a comprar un perro para tu familia. Simplemente tomate las primeras semanas con calma y cuidado, y ten en cuenta la personalidad de tu cachorro para lograrlo integrar a la familia.

La regla de los cinco segundos

El control es algo a lo que tu cachorro debe acostumbrarse, al igual que todo lo demás en su vida. Una buena técnica consiste en emplear la regla de los cinco segundos. Si tu cachorro solicita tu atención, puedes manipularlo y mimarlo mientras cuentas hasta cinco. Luego lo separas de ti y desvías tu atención. Tu cachorro probablemente hará una de dos cosas: acariciarte para que le prestes más atención (tiene otros cinco segundos) o se sacude y se aleja de ti (déjalo ir).

Puedes adaptar esta regla: para los niños son solo tres segundos. Para los extraños, pueden ser dos segundos. . . o ningún segundo en absoluto si tu cachorro no les da la bienvenida. Tu mascota es quien elige si se acerca o no a una persona.

PALABRAS FINALES

Ahora que has aprendido todo, desde el cuidado básico de los cachorros, hasta los comportamientos más comunes en los caninos y técnicas de entrenamiento, es hora de asegurarte de que estás trabajando lo suficiente. Ten en cuenta que cualquier tipo de entrenamiento no va a funcionar si no se refuerza a tiempo y adecuadamente.

Para no perder todo el arduo entrenamiento que has hecho con tu mascota, recuerda reforzar los buenos comportamientos de tu perro todos los días. Puedes hacer una sesión de práctica de comandos y asegurarte de que tu cachorro los recuerde todos. Recuerda premiar siempre a tu perro después de que cumpla con éxito un comando, aunque sea con un simple elogio.

Cómo has aprendido a lo largo de este libro, es mucho más fácil prevenir los malos comportamientos que corregirlos. Si desde el primer día refuerzas los buenos comportamientos, evitarás inclusive que tu mascota considere comportarse de mala manera.

Por supuesto, habrá accidentes ocasionales, donde tu mascota irá al baño dentro de su casa, la solución más fácil es premiarla cuando use el baño afuera. Nunca recurras a castigos severos, ya que es muy sencillo que, como consecuencia, tu perro desarrolle un comportamiento ansioso. Usar castigos severos para entrenar a tu perro nunca tendrá éxito, ya que solo estarás ocultando el resultado de tus errores.

Entonces, ¿cuáles son los próximos pasos en lo que respecta al entrenamiento de cachorros? Además del refuerzo, siempre debes vigilar su comportamiento. Asegúrate de cumplir las visitas frecuentes al veterinario para realizar un seguimiento de su salud a nivel general. Si notas algún comportamiento extraño en tu perro, acude inmediatamente a un profesional.

El viaje para entablar una relación entre ti y tu mascota será increíble y memorable y quedará incrustado en tu corazón para siempre. La compañía de un perro y un ser humano es una de las relaciones más satisfactorias que existen, así que asegúrate de disfrutar el proceso y las maravillosas experiencias que surgen de él, y lo más importante, ¡recuerda divertirte!

BIBLIOGRAFÍA

Quinn, S. (May, 2021). The Positive Puppy Training Blueprint: An 8 Week Step-By-Step Action Plan To Raise The Perfect Dog Using Proven Loving & Friendly Methods

https://www.goodreads.com/book/show/57942238-the-positive-puppy-training-blueprint

Johnson, M. (Sep, 2019). Positive Puppy Training for Beginners: The Complete Practical Guide to Raising a Happy Dog Without Causing Them Any Suffering Using Proven Training Methods

My Book

Munkelwitz, K. (Feb, 2018). The Puppy Training Handbook: How To Raise The Dog Of Your Dreams

https://www.goodreads.com/book/show/
36025931-the-puppy-training-handbook

Cooper, B. (Sep, 2021). How to Train a Puppy for Kids: Beginner's Guide to Training Your Dog, Teaching Your Pet to Be Loyal and Protective, All While Encouraging Your Kid to Grow Up Intelligent and Caring

My Book

Courtney, B. (Dec, 2018). New Puppy!: From New Puppy to Brilliant Family Dog

My Book

Sutherland, H. (May, 2021). Puppy Training For Beginners 3 in 1 Value Collection: Puppy Training Survival Guide (For His First 30 Days) + Positive Puppy Off Leash Recall Training + Separation Anxiety

My Book

Harrison, A. (Aug, 2019). Positive Puppy Training: Guide To Puppy Training For Beginners (Step By Step Positive Approach For Dog Training, Puppy House Training, Puppy Training)

My Book

Rockaway, L. (Aug, 2020). Puppy Steps: Practical Training for Your New Best Friend

https://www.goodreads.com/book/show/54923250-puppy-steps

Wise, N. (Nov, 2021). Teach, Train, Play: The Ultimate 7 Step Survival Guide For First Time Dog Owners

My Book

Study finds overweight dogs live shorter lives. (n.d.). American Veterinary Medical Association. https://www.avma.org/javma-news/2019-03-01/study-finds-overweight-dogs-live-shorter-lives

Donner, J., Anderson, H., Davison, S., Hughes, A. M., Bouirmane, J., Lindqvist, J., Lytle, K. M., Ganesan, B., Ottka, C., Ruotanen, P., Kaukonen, M., Forman, O. P., Fretwell, N., Cole, C. A., & Lohi, H. (2018). Frequency and distribution of 152 genetic disease variants in over 100,000 mixed breed and purebred dogs. PLOS Genetics, 14(4), e1007361. https://doi.org/10.1371/journal.pgen.1007361

Study: Pet store puppies have more aggression, anxiety, and house-soiling problems. (2017, March 30). Chew on This. https://chewonthis.maddiesfund.org/2017/03/study-pet-store-puppies/

Raw Pet Foods and the AVMA's Policy: FAQ. (2012). American Veterinary Medical Association. https://www.avma.org/raw-pet-foods-and-avmas-policy-faq